MATTHIAS PAPE (HG.)
24 Adventsgeschichten für die Frau

MATTHIAS PAPE (HG.)

24 Advents- geschichten

für die Frau

edition chrismon

MATTHIAS PAPE

geboren 1956, ist Pfarrer in der Evangelischen Kirche in Hessen und Nassau. Mit Ursula Ott, stellvertretende Chefredakteurin von chrismon und Herausgeberin von „24 Adventsgeschichten für den Mann", schrieb er Bücher und Aufsätze vor allem zum Thema Familie und Kinder.

Bibliografische Information der Deutschen Nationalbibliothek. Die Deutsche Nationalbibliothek verzeichnet diese Publikation in der Deutschen Nationalbibliografie; detaillierte bibliografische Daten sind im Internet über http://dnb.d-nb.de abrufbar.

REDAKTION Constanze Grimm

TITELILLUSTRATION Larissa Bertonasco

GESTALTUNG UND UMSETZUNG Kristin Kamprad, Hansisches Druck- und Verlagshaus GmbH

DRUCK UND BINDUNG DZA Druckerei zu Altenburg GmbH

Printed in Germany
ISBN 978-3-86921-079-7

Inhaltsverzeichnis

24
ADVENTSGESCHICHTEN
FÜR DIE FRAU

MATTHIAS PAPE

Vorwort

Erinnern Sie sich an die Zeit, als es noch Musikkassetten gab? Diese Plastikdinger mit dem dünnen braunen Tonband drin – sie waren ziemlich robust, heute: shockproof –, und mit einem Bleistift konnte man das Band korrigieren, wenn es verknuddelt war. Ein Freund von mir brachte sich damit gekonnt bei Frauen ins Spiel. Er besprach selber, mit seiner eigenen Stimme, schlichte JVC-Musikkassetten mit 60 Minuten Spieldauer. Und zwar mit Gedichten, vorzugsweise mit den sehnsuchtsvollen von Bert Brecht. „Ich habe dich nie je so geliebt, ma soeur. Als wie ich fortging von dir in jenem Abendrot…" Die Kassetten überreichte er mit verschwörerischem Blick. Oder er schleuste sie als Überraschung („Huch, was is'n das? Och, das ist ja süß!") in Dufflecoat-Taschen, Handschuhfächer oder Rucksäcke. Ich bin sicher, dass viele Empfängerinnen ihre Musikkassetten heute noch in einer Schublade mit den Liebesbriefen oder bei den Strickpullis von damals aufbewahren. Auch wenn sie gar kein Abspielgerät mehr dafür haben.

Ich fand das damals kitschig, musste aber neidvoll anerkennen: Er hatte großen Erfolg. Er hatte einen Punkt (heute: Schnittstelle) gefunden, wo Mann und Frau zusammenkommen können.

Heute, nach unzähligen Vorlesestunden an Kinderbetten und gegenseitigem Vorlesen aus Zeitungen am Frühstückstisch, weiß ich: Lesen verbindet! Gegenseitiges Vorlesen und Zuhören ist die schönste kleine Bühne. Und die Adventstage sind die ideale „Spielzeit". Denn in diesen Wintertagen sind die Rollen ja scheinbar so gut verteilt: Männer schippen Schnee und wechseln die Winterreifen aufs Auto. Frauen backen Kokosnussmakronen und kaufen weitere weiße Tassen mit Rudolph, the Red-Nosed Reindeer drauf. Männer sind abends kaputt, Frauen auch. Und jetzt auch noch vorlesen? Sich am Sonntagnachmittag oder -abend auf dem Sofa schön einkuscheln und der Geliebten eine Geschichte schenken? Klingt so schlimm wie Füße massieren?

Falls Sie sich das fragen – hier die wichtigsten Antworten:

FAQ

1. Ist das nicht kindisch, jetzt eine Geschichte vorzulesen?
Na klar, Sie kennen es ja so, dass man Kindern vorliest. Entweder weil sie noch nicht lesen können oder weil die Kinder es toll finden, dass Sie sich Zeit für sie nehmen. Genauso ist das mit Ihrer Partnerin: Sie sieht, dass Sie sich jetzt nur für sie Zeit nehmen. Und sogar etwas für sie tun, zu dem Sie sich überwinden müssen. Und das wirkt echt stark. Ich glaub, der liebt mich doch!

2. Aber es gibt doch Hörbücher?
Ja schon, aber es endet doch dann wieder so, dass Sie den CD-Player reparieren oder gleich im Internet nach besseren Kopfhörern suchen. Außerdem könnte Ihre Partnerin ein Hörbuch so verstehen: Hör das an, dann hab ich Ruhe. Also: Lassen Sie sich nicht das Buch aus der Hand nehmen!

3. Kann man nicht auch einen Film zusammen angucken?
Da gibt's doch wieder Streit um die Fernbedienung. Er zappt zwischendurch auf die Nachrichten, sie will den Montagskrimi zu Ende gucken. Ehrlich, zusammen fernsehgucken können Sie auch noch an den Feiertagen, da kommen eh die besseren Filme.

4. Ich habe Angst, ich könnte als Weichei dastehen!

Das ist in der Tat ein mögliches Problem – ihre Partnerin wird all ihren Freundinnen erzählen, wie romantisch Sie sind. Das könnten dann auf Umwegen Ihre Freunde und Kollegen mitbekommen. Es wird dann bestimmt dumme Sprüche geben („Liest Du mir auch mal was vor?"). Aber seien Sie gewiss: Ihr Erfolg wird an den Freunden und Kollegen nagen, und bei einer Möglichkeit unter vier Augen werden sie Sie nach Lesetipps fragen! Diskret natürlich.

5. Kann ich nicht einfach eine Playlist für den MP3-Player zusammenstellen?

Im Prinzip ja. (Siehe 2.) Machen Sie aber eine Technikfolgeabwägung: Sind die nötigen technischen Grundkenntnisse vorhanden? Funktioniert der MP3-Player wirklich einwandfrei, und ist der Akku aufgeladen? Mit großer Wahrscheinlichkeit hat Ihre Frau im Advent keine Lust, sich zwischen Jahresabschluss im Büro und Nikolausfeier im Kindergarten noch mit der Frage rumzuschlagen, ob auf ihrem Abspielgerät MP3- oder MP4-Dateien laufen.

6. Kann nicht auch jemand anders vorlesen?

Ja, wenn Sie zufällig George Clooney oder Rufus Beck in der Nachbarschaft wohnen haben. Ansonsten gilt: Lesen müssen Sie schon selber.

7. Wo lese ich vor? Wann lese ich vor?

Am besten ist es, Sie machen ein kleines Ritual daraus. Am Sonntag in der Dämmerung, also so gegen 17.30 Uhr, werktags vielleicht gegen 21 Uhr. Sie sollten es sich richtig bequem machen und eine Kuschelecke haben. Ganz wichtig ist das Licht: Gemütlich muss es sein, aber denken Sie daran: Sie müssen auch noch die Schrift erkennen können! Von Stirnlampen ist abzuraten.

8. Kann ich nicht auch aus Automagazinen vorlesen?

Nur wenn Sie es vorziehen, allein zu sein, oder das Zusammensein mit Männern bevorzugen.

Wir haben es Ihnen ja nun schon einfach gemacht: Sie müssen keine Geschichten mehr aussuchen. Und vergessen Sie bitte nicht: Die Geschichten sollen nicht Ihnen, sondern Ihrer Partnerin gefallen!

Und zum Schluss: Das Gute ist – wer vorliest, muss nicht selber reden!

Matthias Pape

1.

WIGLAF DROSTE

Das letzte Tabu

„Nichts darf man!", mault die kleine Gisela und zieht einen
Flunsch – und das bloß, weil ich ihr gerade mild untersagt
habe, mit dem Abendbrot etwas zu veranstalten, das sie be-
geistert „Oliven-Stampede im Käse-Corral" nennt und das
im Falle der erfolgreichen Ausführung ihres Plans später die
Wände herunterlaufen würde. „Quatsch!", gebe ich zurück.
„Im Gegenteil: Alles ist erlaubt in der Blödwelt. Man darf sogar sein sonst eher chipsfrisches Gesicht ins Fußkäshafte
verjüngen und, wie beispielsweise Klaus Bednarz, Eugen

Drewermann und Jürgen Fliege, mit großem Lamento losbraten, heutzutage habe Weihnachten doch gar nichts mehr mit Jesus zu tun, das sei doch alles nur noch Konsum, schluchzbuhu, und dafür sei der Nazarener aber nicht gestorben, oder war es der Kerpener? Der Leimener? Und mit diesem gesangbuchbraven Allerweltsgenöckel schmeißen sich diese Schlafpillendreher in die Brust – als Ketzer, als Unbequeme, als Schwerverfolgte und Vollrohrbedrohte!"

„Ach so ist das", unterbricht die kleine Gisela meinen Vulkanausbruch. „Kann ich dann wenigstens ein Stück Schokolade?" – „Klar", sage ich, und dann singen wir erst mal unsere gemeinsamen Lieblingslieder, die etwas mehr taugen als „Lobet den Herren" oder der Flipper-Song. Unser erstes Lied geht so: „Wir haben Hunger, müssen Pipi, uns ist kalt / Wir wollen Eis zu dreißig, puuh, ist es noch weit ... ?", und bei der zweiten Weise harmonieren unsere Stimmen schon ganz passabel: „Vier kleine Keese, die gingen auf die Reise, / Vier kleine Keese, die reisten gar nicht weit / Dann trafen sie uns beide und wurden zur Nachspaheise / Doch das tut keinem der vier kleinen Keese leid ..."

Singen ist schön; gedankenverloren schiebe ich ihr die runde Schachtel mit den köstlichen *Droste-Pastillen* aus Holland hin, die immer zur Hand sind für kleine Jungs und Mädchen in den Pfarrhäusern dieser Welt. „Aber vielleicht hast du doch recht", lenke ich ein, „Es gibt etwas, das man wirklich nicht darf. Das letzte Tabu sozusagen."

„Was denn?", fragt die kleine Gisela und schiebt sich drei weitere Schokoladenplättchen in die Schnute. Während sie die Schokolade lutscht und zutscht, sehe ich sie lange an und frage sie schließlich: „Willst du es wirklich wissen?"

„Hmmh", gibt sie nickend zurück; ich rücke näher. „Also gut. Ich erzähle es dir. Obwohl du dafür eigentlich noch ein bisschen zu klein bist." Wieder nickt sie. Und dann tue ich es und packe aus:

„Hier ist wahrhaftig alles gestattet, jeder Irrsinn, jeder Wahn. Aber eins darfst du tatsächlich nicht: Weihnachten allein verbringen. Heiligabend alleine sein. Oder nur alleine sein *wollen*. Da ist der Mitmensch vor. Dieselben Leute, die das ganze Jahr lang indigniert und angeekelt an dir vorbeigöngen, wenn du auf der Straße umfielest oder stürbest, wittern bei weihnachtssolitüden Einzelgängern schlagartig Gefahr: hochgradige Isolation, Einsamkeit, suizidale Tendenzen – alles, wovor sie sich fürchten. Hast du schon mal probiert, Heiligabend alleine essen zu gehen? Ich habe es einmal versucht, in Hamburg. Entweder war geschlossen, oder es war Geschlossene Gesellschaft. Irgendwann, nach Stunden, fand ich doch ein geöffnetes Lokal, ein thailändisches, die Buddhisten haben es ja auch nicht mit dem Jesuskind, da setzte ich mich still für mich an einen Tisch, ich hatte ein großartiges Bach dabei, „Rote Ernte" von Dashiell Hammett, ich hatte es schon den ganzen Tag gelesen, und wollte das nun weiter tun, nur eben zwischendurch etwas Gutes, Warmes essen und etwas trinken. Es ging nicht. Kaum dass ich saß und las, wurde ich vom Nebentisch angesprochen: Ob ich denn ganz allein sei … ? Ob ich mich nicht dazu setzen wolle, am Heiligen Abend … ? Das Schrecklichste war: Sie meinten es gut. Sie wollten mich, einen Fremden, an ihre Tafel bitten – aber weil es an *diesem* Abend war und sie es an keinem andern Abend getan hätten, weil es Weihnachtsterror war, Heiligabendbeschuss, unter dem sie lagen und den sie an mich weitergaben, sah ich nur Triefaugen, die mich anbrüderten, und fürchtete, dass die Brutalität der Landsleute in ihre noch unangenehmere Kehrseite umschlüge, ins Sentimentale. Und wenn sie da erst mal angekommen sind, dann flennen sie dir das Hemd nass vor lauter Rührung über sich selbst, also darüber, wie gut sie doch sind."

Über respektive unter meiner Suada war die kleine Gisela längst eingeschlafen. Seufzend trug ich sie ins Bett. Ohne es zu bemerken, hatte ich Heiligabend in Gesellschaft verbracht. Es hatte mir ganz ausgezeichnet gefallen.

2.

GABRIELE WOHMANN

Ist das Leben nicht schön?

Dann war mitten in Veras Wörterchaos er wieder dran, mein linkes Ohr glühte schon, und ich wechselte zum rechten, und er, ängstlich klang er, quengelte weiter. Vorhin hatte er sich beschwert, weil er nur noch 50 Kilo wiegen würde (Veras aus dem OFF gebrüllte *Sechzig!* waren halbwegs beruhigend). Jetzt kam irgendwas wie: er hätte zu wenig Mutter gehabt. Sein Analytiker sei ganz früh bei ihm eingestiegen... Das ist ja wohl der letzte Blödsinn, rief ich ihm rein. Von wegen zu wenig Mutter! Verwöhnt hab ich dich, du warst deshalb mein Scheidungsgrund.

Zeit, die Küchentür zuzumachen. Besser für den Rest des Abends, wenn Jonathan nicht mitkriegte, was hier los war. Nachher würde ich, aber abgeschwächt, davon erzählen müssen. Nicht mehr lang, und es gäbe sowieso Ärger, weil ich nie radikal *Jetzt ist Schluss* sagen kann und unser Abendessen sich verspätete. Das mit Jonathan ist meine zweite Ehe, und Sascha und Vera sind mein Sohn aus meiner ersten Ehe und seine Frau. Keiner glaubt mehr dran, dass sie je erwachsen werden. Jonathan mag Sascha, obwohl er ihm nichts Vernünftiges zutraut, ich auch nicht. Als fände ich es abwechslungsreich, und wenn wir überhaupt von ihm reden, sage ich: Er ist ganz schön verrückt. Ganz schön verrückt zu sein, genießt leider nicht einmal Sascha selber. Vera ist ihm darin ähnlich, ein Glück für beide, denke ich. Jonathan teilt meine Ansicht nicht. Lieber fange ich nie von mir aus mit Anmerkungen über die zwei an, was mich an mir als ziemlich pervers und treulos irritiert. Briefe schreibt Sascha keine. Telefonate kommen unregelmäßig vor, dummerweise nur dann, wenn er einen sitzen hat. Deshalb sage ich immer *Gib ihn mir* bei Sascha-Anrufen. Oberflächlich und gespielt vergnügt rede ich, wenig, denn Sascha will reden, womit ich Gleichmut vortäusche, während ich unentwegt merke, dass ich unglücklich bin, weil er sich betrinken muss und es selber ist, unglücklich. Früher wenigstens hat zwischen ihm und Vera alles gestimmt, zwei Ausgeflippte können sich nicht mit Vorwürfen traktieren. Neuerdings aber stimmt da irgendwas nicht mehr. Sascha ist willensschwach und talentiert. Angeblich hat er sein Studium nur unterbrochen. Er wechselt Jobs. Und so weiter, das ist nichts Neues. Das mit ihm und Vera, die in einem kleinen Zoo arbeitet und außerdem als Springer bei der Post, ist für mich eine Kinderehe, obwohl beide mittlerweile über dreißig sind. Verdammt: Es ist immer nur meine Familie mit Kalamitäten und Durcheinander, nie Jonathans, Sohn und Tochter sind was oder sie werdens, Glück hat er auch mit seinen nach Babylon/North Carolina für immer abgeschwirrten Eltern. Während meine, wie könnte es anders sein, erschreckend leicht erreichbar in aufgerundet 40 km Entfernung leben und mich trotzdem selten zu sehen bekommen.

Und ausgerechnet an meinem Abend mit gutem Gewissen mussten die zwei gesetzlosen unordentlichen Gruselmärchenkinder hier anrufen. Es ist solch ein Kontrast, hatte ich schon am Anfang protestiert, wir kommen friedlich vom Weihnachtenfeiern bei deinen Großeltern zurück, bis eben hab ich mich gut gefühlt, ich laufe mit dem transportablen Telefon in der Küche rum, nebenan wartet Jo aufs Abendessen, ich hab den Lachs zur Hälfte aus der Packung geschnitten ... und so weiter, es half nichts. Sascha löste Vera ab, die verdrängte ihn, dann wieder er sie. Seine Klagequengelei erinnerte mich an Lügengeschichten aus seiner Kindheit. Jetzt ging's um eine neue Frau in seinem Leben und dass der Analytiker in der seine *Anima* entdeckt hätte, früher um erfundene Freunde und Erfolge in der Schule. Mit so was wie einer *Anima* kann man mich jagen, sagte ich ihm, wie ich glaubte, aber Vera hatte wieder den Hörer gegrapscht und fing von neuem damit an, Sascha wäre abgestürzt (in ihrer Sprache das Wort für betrunken) und schwankend in der Taxizentrale erschienen, worauf es natürlich mit diesem Job aus und vorbei sei.

Was ist eigentlich da nebenan los?, rief Jonathan. Hörst du heut noch mal auf?

Sofort, bald!, schrie ich durch einen Spalt in der Küchentür.

Ich bin nicht mehr eifersüchtig, sagte Vera. Ich verdiene besser, und Sascha ist dort abgestürzt aufgetaucht...

Hör mal, unterbrach ich sie, die Lage hier ist die... also total ungünstig und einfach grotesk, Jo wird bald vor Wut kochen...

Drück dem Kerl die Kehle zu!, rief Vera. Wir lieben uns, trotz der andern, weißt du, wir lieben uns, und er ist abgestürzt... Es ist Weihnachten!, brüllte Jonathan. Zum Glück war er zu faul, sich aus seinem Sessel zu bugsieren und bei mir in der Küche zu ermitteln.

Vera, hör zu, Jo hat mich gerufen, und wenn ihr zwei so abgestürzt seid, krieg ich so gut wie gar nicht mit, was los ist...

Statt ihrer antwortete Sascha, zum ersten Mal hörte er sich nüchtern und fürsorglich an, nicht beleidigt: Okay. Machen wir Schluss.

Aber konnte ich bei diesem Angebot zugreifen? Mit *Ciao,
Servus* oder sonst was aus ihrer Sprache die zwei in ihrer
Zimmerschlacht gepeinigten Kinder aus einem Gruselmär-
chen einfach abhängen? Bis zu dieser neuen *Anima*-Frau
musste ich bei Sascha und Vera immer an Hänsel und Gretel
denken, im Wald verirrt für immer, aber vereint; jetzt an eine eklige Fortsetzung (mit neuer Besetzung der Hexenrolle?).
Klingt rührselig, ich war aber das Gegenteil davon, ich war
zornig und ungeduldig zwischen meinen angebrochenen Es-
sensvorbereitungen und verpanzert gegen ihre verfluchten
Abstürze. Erst später, mit Zeit dafür und Ruhe, würde ich mir
Sorgen machen und überlegen, womit ihr ruinierter Weihnachtsabend noch zu retten wäre, ehe er als Trümmerhaufen
zusammenbrach. Was ich fürchtete, war Jonathans Kritik,
und Kritik ist ein nobles Etikett auf den Schmähreden und
dem Räsonieren, das mich und meine beiden Unglücksraben
erwartete. Und weil mir schon das Überschreiten der Zim-
merlautstärke auf den Magen schlägt, Umweg übers Gemüt,
fürchtete ich auch um den. Schon fing es damit an: Zusammen mit dem angenehmen Rückblick für das endlich wieder
einmal abgeleistete Elternquantum verging mir der Appetit.
Das hasse ich: ohne Appetit Mahlzeiten vorzubereiten, dann
zu essen. (Mir fällt auf, dass ich bis hin zu banalen Vorgän-
gen wie essen im Zusammenleben mit anderen immer eine
Rolle spielen muss. Wer zwingt mich eigentlich dazu? Das
bin doch ausschließlich ich selber. Um des lieben Friedens

willen? Das auch, ja. Aber der wahre und hässlichere Grund hört sich so an: Ich will meine Ruhe haben. Und dazu, sie mir auf ehrliche Weise zu verdienen, bin ich nicht mutig genug.)

Mit wem quasselst du eigentlich da, hört das heut noch mal irgendwann auf? Jonathan klang gar nicht Gutes versprechend. Er ist prinzipiell mutig genug, sich seine Ruhe oder was er darunter versteht zu verschaffen.

Gleich, sofort!, rief ich, und leiser: Verdammt noch mal! Benimm dich nicht wie ein Baby. Wieder laut: Es sind schließlich Sascha und Vera. Doch er sähe nicht ein, dass ich zu denen nicht genauso schnöde wie bei jemand x-beliebigem *Ich hab jetzt leider keine Zeit mehr* sagen könnte.

Sag ihnen, es ist Weihnachten, verdammt, brüllte Jonathan, und Sascha, wieder auf Hochtouren, sagte gleichzeitig: Doktor Spielmann meint mit zu wenig Mutter, dass du mich nicht gestillt hast, und *Woher hast du das denn?*, rief ich, während ich Vera *Dreckskerl* rufen hörte, ich schimpfte weiter: Was soll dieser Muttermilch-Quatsch überhaupt, Muttermilch hat längst keinen guten Ruf mehr (aber wie stand es damit vor dreißig Jahren?) und mit eurem Saufen und den Ehefunktionsstörungen nichts zu tun.

Nebenan drehte Jonathan den Ton am Fernsehapparat voll auf. Vom Gedröhn schwachsinniger Wunschkonzertvolksfröhlichkeit versprach er sich, meine Rebellion wäre mir wichtiger als das Telefonat, und ich würde diesen Mist stoppen. Und auch, dass mir unser Abendprogramm inklusive Spielfilm einfiele. Das mit der zweiten Absicht funktionierte, aber in dieser melodramatischen ekelhaften Gleichzeitigkeit von SOS-Ruf aus über 700 km Entfernung und Tobsüchtigkeit nebenan konnte ich mich auf nichts konzentrieren, hier der glänzend rosige Lachs in der halb offenen Packung, dort das Elend, von dem ich nichts wissen wollte, in dieser Mischung aus Weihnachten und Schererein bemitleidete ich mich selbst, ich dachte: *Schade um den Lachs*, wirklich, so profan und selbstsüchtig dachte ich, rief: Ich kapier nichts, ihr kapiert nichts, wir reden wieder, wenn ihr nicht gerade abgestürzt seid. Aber Sascha erklärte leicht verständlich: Doktor Spielmann meint nicht die Muttermilch mit dem Stillen, er meint die erste Empfindung der Geborgenheit, und wenn die nicht stattfindet ... und er belehrte mich über die aus der Babyforschung der Analytiker gewonnenen Erkenntnisse, und gleichzeitig schimpfte aus dem Wohnzimmer sein Rivale, mein zweiter Mann Jonathan, und *Trink, trink, Brüderlein trink* beschallte diese schizophrene Wahnsinnsklimax. Und später, endlich beim Essen, war der Lachs wirklich die reine Vergeudung. Ich find nicht, dass wir ihn schlecht gelaunt essen sollten, sagte ich, wie wärs, wenn ich ihn gut in Folie verpacken und ins Eisfach legen würde?

Bestimmt nicht fachmännisch, sagte Jonathan, du denkst immer, der Kühlschrank ist die Garantie für ewige Haltbarkeit.

Fischvergiftungen sind grässlich, sagte ich, damit wir nicht wieder über das von Sascha und Vera versaute Restweihnachten reden müssten, und ich beneidete Jonathan, dem es auch bei schlechter Laune noch schmeckt, überhaupt kann er mit allem, was er geplant hat, weitermachen und deshalb so lang als Griesgram durchhalten.

Hoffentlich hat dein endloses Telefonieren auch irgendeinen praktischen Nutzen gehabt, sagte Jonathan. Hat diese zwei auf den Boden der Tatsachen runtergeholt.

Aber sie sind am Boden. Sie sind zwischen einem Gerümpel von Tatsachen, und über was Vernünftiges zu reden war ja total zwecklos.

Dann war das ganze Theater zwecklos. So was muss man doch fertigbringen, erklären: Schluss, aus, wir wollten jetzt essen, und außerdem ist Weihnachten.

Eben: Weihnachten. Ich wartete, vielleicht ginge Jonathan der höhere Sinn meiner Betonung auf: Weihnachten. Eben drum. Als nichts weiter kam, sagte ich, umrahmt von einem vergifteten kleinen Lachen: Was für ein Glück, es hat dir trotzdem nicht den Appetit verschlagen!

Warum sollte es? Muss etwa ich mir irgendwas vorwerfen?

Manchmal frag ich mich, wie das wohl wäre, ein Leben mit gleichmäßig gutem Gewissen.

Angenehm. Fest steht, ich wäre mit dem Problem besser zurechtgekommen und vor allem: schneller.

Mit dem Kommentar *geteilt* schob ich Jonathan die letzte Hälfte vom Eisbergsalat hin, den ich zum Glück vor dem Gemischten-Doppel-Drama (dort und hier) und noch in bester Kondition (Stimmung, Magen) mit einer Packung Krabbensalat und zerbröckelten Walnüssen angemacht hatte und der nicht erkennbar in sich zusammengefallen war, weil die Eisbergsalatblätter sehr stabil sind. Er ist wirklich gut, oder? Ich wollte wieder ins Es-ist-alles-halb-so-schlimm-Fahrwasser.

Ist er, aber ich lass dir den Rest. Ich sag dir immer, dieser Salat ist eine Art Kohl, man verträgt nur kleine Portionen davon.

Verdammt, all das Herumgranteln, es macht ihm einfach nichts aus. Obwohl das nicht schlau von mir ist, lasse ich mich dann doch leider auch wieder gehen. Ein Engel bin ich nun mal nicht und auch keine Friedenstaube. Aber ich wusste, dass es ein Fehler war, der außerdem nur mir schadete, als ich sagte: Tut mir leid, ich seh nicht, dass ich was falsch gemacht habe. Erstens: Konnte ich ihnen die Tür vor der Nase zuschlagen? Es war ein Hilferuf! Und dazu dein Weihnachten. Und zweitens waren beide ganz tief abgestürzt, und red da mal rational ...

Abgestürzt, abgestürzt! Übrigens: Du hast nicht zufällig noch vom Appenzeller? Betroffen sind sie. Drücks doch so unpoetisch aus, wie es ist. Übernimm nicht immer sofort den Jargon der andern.

Mir tats gut, dass ich aufstehen und in der Küche nach dem Appenzeller forschen musste. Ah, noch welcher da, gut so. Mit dem Anrichten ließ ich mir Zeit, pumpte Luft, schnitt Grimassen. Bei der Rückkehr an den Esstisch, Blick auf die Krippe unter dem römischen Glitzerbäumchen mit seiner Nadelimitation aus rotem und silbernem Aluminium, sagte ich: Und sie fanden keinen Raum in der Herberge.

Sonst. Sonst keinen Raum. Jonathan grinste mich an, was ich vielversprechend fand. Wenn schon, denn schon. Er klang gutmütig. Außerdem passt *sonst*. Falls du deine zwei Pechvögel in der Misere von Maria und Joseph und ihrem Baby sehen willst. *Sonst* wäre in eurem Fall: Du hast ihnen zugehört.

Aber es war nur ein Stall. Ich machte den Einwand, weil ich scharf drauf war, mehr von ihm getröstet zu werden.

Warm genug. Du hast ihnen lang genug zugehört.

Was soll ich sagen? Bis aufs Einschlafen ist der 24.12. wieder friedlich geworden. Clarence, dieser Engel zweiter Klasse, wurde nicht nur in Bedford Falls aktiv: Ab zweiundzwanzig Uhr fünfzehn haben wir „Ist das Leben nicht schön?" gesehen, einen der paar Filme aus unserem Weihnachtstraditions-Proviant, und pünktlich zum Heiligabend hat wieder Clarence der netten, glücklichen Familie von James Stewart und Donna Reed beigestanden; ehe James Stewart sich das Leben nimmt und damit Donna Reed wieder glücklich lächeln und die vier drolligen Kinder genießen kann, wendet er den Bankrott ab und beweist der kleinen Familie, dass das Leben schön ist. Ich sagte zu Jonathan, undeutlich mit Zahnpasta im Mund später im Bad: Clarence war da. Und er fragte *Wie bitte* und wollte es nicht unbedingt wissen, und ich wollte nicht unbedingt verstanden werden, als ich sagte: Wär schön, wenn die zwei Abgestürzten wenigstens ein Engel dritter Klasse ein bisschen retten würde. Anscheinend hatte Jonathan doch etwas mitgekriegt, denn er fragte, schon von seinem Bett aus: Ist das Leben nicht schön? Ich habe zwar Ja gesagt, aber wenns schön wäre, bräuchten wir den ganzen 24.12. nicht, nicht diesen besonderen Geburtstag, keinen Engel, Gott, all das...

RUBÉN DARÍO

Heilignachtgeschichte

Bruder Longinos de Santa María war die Perle des Klosters. Perle ist zu wenig gesagt; er war ein Juwel, ein Schmuckstück, beispiellos, einmalig: Er half dem gelehrten Bruder Benediktus beim Abschreiben der Bücher und malte die Anfangsbuchstaben der Kapitel mit unvergleichlichem Kunstsinn; in der Küche entströmten seinen Gerichten, die nach der Fastenzeit wieder erlaubt waren, zarteste Wohlgerüche; ebenso trefflich diente er als Küster oder pflanzte Bohnen im Garten; in der Matutin und in der Vesper amtete er als Vorsänger, und seine warme Stimme erfüllte den Kapellenraum mit Wohlklang. Sein höchstes Ansehen aber verdankte er seiner erstaunlichen Begabung für das Orgelspiel, seinen Händen, seinen Meisterhänden auf den Tasten. Niemand in der ganzen Klostergemeinschaft beherrschte das Instrument wie er, niemand entlockte ihm Melodien, als singe da oben ein ganzer Schwarm jubilierender Vögel; niemand begleitete die Lesungen und die Hymnen und die Gemeinschaftsgesänge so beseelt und so himmlisch wie er. Als Seine Hochwürden, der Kardinal, dem Kloster seinen unvergesslichen Besuch abstattete, segnete er Bruder Longinos, umarmte ihn, und nachdem er ihn spielen gehört hatte, drückte er ihm sein Lob sogar auf Lateinisch aus. Alles, was Bruder Longinos leistete, wirkte umso überzeugender, weil er es mit der liebenswürdigsten Selbstverständlichkeit und in kindlicher Freude tat. Wenn er an der Arbeit war, hatte er immer ein Lied auf den Lippen – wie seine gefiederten Brüder, die Vögel des Himmels. Wenn er mit der Satteltasche voller Almosen auf dem Heimritt sein Eselchen antrieb, strahlte sein Gesicht trotz der sengenden Sonne so vergnüglich, dass die Bauern aus den Häusern traten und ihm freundlich zuriefen: „Kommt doch herein, Bruder Longinos, und trinkt ein Glas mit uns..."

Sein Bild könnt ihr auf Holz gemalt noch heute in der Abtei sehen: unter einer edlen Stirn zwei demütige dunkle Augen, die Nase kindlich keck ganz leicht nach oben gebogen, der Mund zu einem gütigen Lächeln ein bisschen geöffnet.

An einer Weihnacht nun begab es sich, dass Bruder Longinos
ins nächste Dorf ritt ... Aber habe ich euch denn schon etwas
vom Kloster erzählt? Es steht nahe einem Bauerndorf, nicht
weit von einem großen Wald, in dem sich vor der Gründung
des Klosters die Hexen versammelt hatten, Feen auch und
Elfen und andere Wesen, denen der Fürst der Hölle – Gott be-
hüte uns vor ihm! – wohlgesinnt ist. In stillen Nächten oder
an klaren Abenden trugen himmlische Winde vom Kloster
den Nachhall geheimnisvoller Klänge oder dröhnender Ak-
korde zum Dorf hinüber – es war Bruder Longinos, der seine
Mitbrüder in Christo bei ihren Bittgesängen auf der Orgel
begleitete.

An jenem Weihnachtsabend in besagtem Dorf schlug sich
der gute Klosterbruder plötzlich entsetzt an die Stirn, trieb
unverzüglich sein braves, stets geduldiges Reittier an und
stieß voller Schreck aus: „Ach, ich Unseliger! Ich verdiene
zur Strafe dreimal so viele Kieselsteine in den Schuhen und
für den Rest meines Lebens nur noch Wasser und Brot! Wie
mich meine Mitbrüder im Kloster vermissen werden!"

Es war schon dunkel geworden, als Bruder Longinos, sich
bekreuzigend, in den Weg einbog, der zum Kloster führte.
Die nächtlichen Schatten hatten sich auf die Erde gesenkt.
Man sah die Häuser des Dorfes nicht mehr; der Berg wirkte
im Dunkeln wie eine Titanenfestung, in welcher Riesen und

Ungeheuer hausten. Eilends ritt Bruder Longinos weiter, betete ein Paternoster und ein Avemaria nach dem andern – als er zu seiner Überraschung auf einmal gewahrte, dass sein Eselchen einen andern Weg als sonst eingeschlagen hatte. Die Tränen schossen ihm in die Augen, er hob sie zum Himmel und flehte den Allmächtigen um Erbarmen an – da erblickte er am dunklen Himmelsgewölbe einen wunderbaren goldenen Stern, der mit ihm wanderte und ihm mit dem Lichtstrahl, den er auf die Erde warf, als Wegweiser und Fackel diente. Er dankte Gott für dieses Wunder, und nach kurzem blieb sein Reittier nicht anders als seinerzeit das des Propheten Bileam wie angewurzelt stehen und weigerte sich weiterzugehen. Mit klarer menschlicher Stimme sagte der Esel: „Schätze dich glücklich, Bruder Longinos, deiner Verdienste wegen bist du ausersehen, großen Lohn zu empfangen!" Kaum hatte das Tier zu Ende geredet, da hörte er auch schon ein Geräusch, und eine Woge köstlicher Düfte stieg ihm in die Nase. Auf dem gleichen Weg, den er gekommen, und vom gleichen Stern geleitet, dem er gefolgt war, näherten sich drei herrlich gekleidete Gestalten. Ihr Gehabe und ihre Insignien wiesen sie als Könige aus. Der Vorderste war blond wie der Engel Azrael; sein langes Haar quoll unter der edelsteinbesetzten Mitra hervor und fiel wallend über seine Schultern; in seinen langen Bart waren Perlen und Goldfäden eingeflochten und schimmerten auf seiner Brust; ein weiter Mantel hüllte ihn ein, dessen reiche

Stickereien Zugvögel und Sternkreiszeichen darstellten. Es war König Kaspar, der auf einem prächtigen Schimmel ritt. Der zweite hatte schwarzes Haar, und auch seine Augen glühten schwarz; sein Gesicht ähnelte einer assyrischen Reliefdarstellung, und ein wundervolles Diadem zierte seine Stirn; er trug Gewänder von unschätzbarem Wert, und um seinen Hals hing eine kabbalistische Edelsteinkette mit einer Sonne aus funkelnden Diamanten als Schloss. Er war schon ziemlich alt, und seinem Aussehen nach hätte man ihn für den Herrscher eines innerasiatischen Märchenreiches gehalten. Er ritt auf einem Kamel mit einer wunderbaren Decke und reichem orientalischem Zaumzeug. Der dritte hatte ein schwarzes Gesicht mit einem ganz besonders majestätischen Ausdruck, denn die Rubine und Smaragde auf dem Turban umstrahlten sein Antlitz. Wie der stolzeste Märchenkönig saß er in seinem gold- und elfenbeinverzierten Sattel auf einem Elefanten. Es war König Melchior. Die Herrschaften ritten vorbei; und hinter dem Elefanten des Königs Melchior her trottete nun Bruder Longinos ganz und gar nicht standesgemäß auf seinem Eselchen und ließ die Perlen seines langen Rosenkranzes durch die Finger gleiten.

*

Dann ereignete sich genau dasselbe wie zur Zeit des grausamen Herodes: Die drei gekrönten Weisen gelangten, vom göttlichen Stern geleitet, zu einer Krippe, wo die Himmelskönigin Maria, der heilige Josef und das neugeborene Gotteskind wie auf den Bildern der berühmten Künstler beisammen waren. Nahebei spendeten der Ochse und der Esel mit ihrem Atem gesunde Wärme in der kalten Nacht. Balthasar fiel auf die Knie und schüttete einen Sack Perlen, Edelsteine und Goldstaub vor dem Kind aus; Kaspar schenkte ihm in vergoldeten Krügen seltene Salben und köstliche Öle; Melchior brachte als Gaben Weihrauch, Elfenbein und Diamanten dar...

Nun wandte sich der gute Bruder Longinos an das lächelnde Kind und sagte aus tiefstem Herzensgrund: „Herr, ich bin nur dein armer Knecht und diene dir in deinem Kloster, so gut ich vermag. Was kann ich dir schenken, ich Unglückseliger? Was für Schätze besitze ich denn, was für Essenzen, Perlen oder Diamanten? Nimm, Herr, meine Tränen und meine Gebete, das ist alles, was ich dir darbringen kann."

Da sahen die Könige aus dem Morgenland, wie Bruder Longinos die Rosen seiner Gebete zwischen den Lippen herauswuchsen, und ihr Duft war betörender als alle Salben und Harze; aus seinen Augen strömten die Tränen und verwandelten sich in strahlende Diamanten – sein Glaube und seine Liebe hatten dieses Wunder bewirkt; währenddessen hörte man leise den Chor der Hirten auf dem Feld und den Chor der Engel über dem Dach der Krippe.

*

Mittlerweile herrschte im Kloster große Verzweiflung. Es wurde Zeit für den Gottesdienst. Die Kapelle war von Kerzenlicht erhellt. Tief betrübt saß der Abt im festlichen Ornat auf seinem Sessel. Die ganze Klostergemeinschaft war versammelt, und die Mönche schauten einander verwundert und beklommen an. Was für ein Unglück konnte dem guten Mitbruder zugestoßen sein? Warum war er nicht vom Dorf zurückgekehrt? Der Gottesdienst sollte beginnen, alle sind zur Stelle, nur der eine nicht, die Zierde des Klosters, der bescheidene Organist mit dem beseelten Spiel… Wer traut sich zu, seinen Platz einzunehmen? Niemand. Keiner kennt die Geheimnisse des Instruments so gut wie Longinos, keiner hat so viel Sinn für Tonfarben wie er. Als der Abt befiehlt, der Gottesdienst möge eben ohne Musik stattfinden, stimmen alle irgendwie traurig den Gesang an und erheben ihre Herzen zu Gott… Als die Orgel hätte einsetzen sollen… erscholl sie plötzlich und brauste wie noch nie: Die Bässe waren wie heiliges Donnergrollen, die Trompeten schmetterten wie Himmelsstimmen; alle ihre Pfeifen schienen von unerklärlichem überirdischem Leben beseelt. Die Mönche sangen und sangen, und ihre Stimmen waren vom heiligen Feuer des Wunders durchglüht. In dieser Christnacht hörten die Bauern herrlichere Musik vom Kloster herüberwehen denn je, und es kam ihnen vor, Engelshände spielten noch nie gehörte Harmonien, die heilige Cäcilia greife mit ihren reinen, zarten Fingern selbst in die Tasten…

*

Bruder Longinos de Santa María hauchte wenig später seine Seele aus; er starb im Geruche der Heiligkeit. Sein Leib ist unversehrt erhalten; er ruht in einem Marmorsarg unter dem Chor der Kapelle in einem besonders schön gestalteten Grab.

4.
DEZEMBER

DAVID HENRY WILSON

Superhunds
Weihnachtsgeschenk

Menschen sind komische Tiere. Wie komisch, das will ich
euch an einem Beispiel erzählen, einem sehr merkwürdigen
Fall von menschlichem Benehmen. Der Fall heißt Weihnachten. Es handelt sich um einen einzigen Tag, der nur einmal
im Jahr vorkommt, und egal, wie man sich fühlt, jeder hat an
diesem Tag glücklich zu sein. Es kann sein, dass der Wind
wie ein Rudel Wölfe heult und man vielleicht nicht weiß,
wo das nächste Stück Hundekuchen herkommen soll – das
macht alles überhaupt nichts. Wenn Weihnachten ist, hat
man einfach glücklich zu sein.

Ich lebe schon eine ganze Zeit bei den Browns, aber ich erinnere mich noch gut an mein erstes Weihnachten bei ihnen. Ich war damals noch ein ganz kleiner Hund und so dumm zu glauben, dass die Dinge immer so sind, wie sie aussehen.

Die Familie hatte schon seit Wochen von Weihnachten geredet, und obwohl ich damals noch weniger über Weihnachten wusste als heute, sagte mir mein fabelhaftes Gehirn, dass es etwas sehr Angenehmes sein müsste. Tony und Tina, die beiden Brown-Kinder, waren besonders aufgeregt und redeten andauernd darüber, was sie wohl für Geschenke kriegen würden.

Ein paar Tage vor Weihnachten schleppten Mr. und Mrs. Brown einen stacheligen grünen Baum ins Wohnzimmer. Zuerst dachte ich, der wäre für mich, denn draußen war es sehr kalt geworden. Als ich aber an den Baum ging und gerade ein Bein heben wollte, erklärten sie mir energisch, dass dieser Baum nicht *dafür* da sei, und schubsten mich aus dem Zimmer.

Als Nächstes wurde der Baum geschmückt und dann das Wohnzimmer. Die Kinder halfen Mr. und Mrs. Brown, Buntpapier und Christbaumkugeln an die Zweige zu hängen, und ich versuchte mitzuhelfen, bis mir so eine Christbaumkugel im Hals stecken blieb. Sie mussten mich wegtragen, damit ich sie wieder rauswürgen konnte. Ihr müsst bedenken, dass ich damals noch sehr klein war, und selbst ein Superhirn kann nicht alles wissen, es muss erst Erfahrungen sammeln. Heute halte ich mich in gebührender Entfernung, wenn irgendwo etwas geschmückt wird. Es sind nicht nur die Christbaumkugeln, denen man aus dem Weg gehen muss, es sind auch Hämmer, die einem auf den Kopf fallen, Füße, die über einen stolpern, oder eine Leiter, gegen die man rennt, wenn Mr. Brown gerade oben steht.

Der Weihnachtsbaum wurde also geschmückt. Ich war gerade die Christbaumkugel losgeworden, als Tina eine sehr wichtige Frage stellte.

„Was schenken wir eigentlich Wuffi zu Weihnachten?", fragte sie.

Bis zu dem Augenblick war mir Weihnachten ziemlich schnuppe, aber jetzt war ich plötzlich hellwach.

„Ach ja", sagte Mr. Brown, „an Wuffi haben wir noch gar nicht gedacht!"

Er hatte wahrscheinlich nicht an Wuffi gedacht. *Ich* denke die ganze Zeit an Wuffi.

„Vielleicht", sagte Mr. Brown, „vielleicht bau ich ihm den Zwinger, den ich schon längst bauen wollte. Obwohl das eine Menge Arbeit ist. Vielleicht lass ich es auch. Ich weiß noch nicht. Was meinst du, Liebling?"

„Ich hab auch noch nicht an Wuffi gedacht", sagte Mrs. Brown. „Aber es wird mir schon noch was einfallen."

„Siehst du, Wuffi", sagte Tina und drückte mich fest an sich, „du kriegst auch was zu Weihnachten!"

Und da rannte ich laut bellend und aufgeregt durchs Wohnzimmer, bis ich zufällig gegen einen Teetisch stieß, der unter einer Blumenvase stand, die voll Wasser war, das mich ganz nass nachte und den Teppich auch, als die Vase krachend umfiel. Mr. Brown war nicht gerade entzückt.

Den ganzen nächsten Tag überlegte ich, was ich wohl zu Weihnachten kriegen würde. Ich hörte bei jeder Unterhaltung zu, passte auf, wenn Mrs. Brown ihre Einkaufstasche leerte, schnupperte an jedem Päckchen, das unter den Weihnachtsbaum gelegt wurde – aber nichts hörte sich an, sah aus oder roch wie ein Geschenk für Wuffi. Ich dachte manchmal sogar, womöglich haben sie mich vergessen, aber dann hörte ich, wie Tony Mrs. Brown fragte, ob sie etwas für mich gekauft habe. Die Ohren hüpften mir fast vom Kopf.

„Ja", sagte Mrs. Brown.

„Was denn?", fragte Tony.

Mir wurde abwechselnd heiß und kalt.

„Wirst du schon sehen", sagte Mrs. Brown.

Und das war alles, was sie sagte. Die Spannung war unerträglich. Selbst ein gewöhnlicher Hund hätte sie kaum ausgehalten. Als junger, außerordentlich superintelligenter Hund konnte ich einfach nicht mehr an mich halten: Ich machte einen See auf den Teppich im Flur.

Danach ging ich in die Küche und tat so, als ob ich von nichts wüsste, aber irgendwie muss Mrs. Brown doch gedacht haben, dass es mein See war, und so kriegte ich den üblichen Klaps auf den Hintern. Woher wusste sie eigentlich so genau, dass es mein See war? Ich hab es immer als ungerecht empfunden, dass man mich automatisch für schuldig hält. Ich finde, es hätten ja auch die Kinder sein können, oder etwa nicht? Oder Mr. Brown...

Jedenfalls kommt jetzt der Hauptteil meiner Geschichte, nämlich das, was sich an diesem Abend und am nächsten Morgen abspielte. Wie ihr euch vorstellen könnt, kriegte ich in dieser Nacht kein Auge zu; ich lag in meinem Korb und überlegte immerzu, was ich wohl geschenkt kriegen würde. Es war klar, dass es etwas anderes sein musste als das, was ich sonst auch kriege – deshalb schieden Knochen, Fleischdosen, Hundekuchen und (so hoffte ich) gebadet werden und Anschnauzer von vornherein aus. Andererseits gab es nicht viel, was ich wirklich gern gehabt hätte – außer natürlich leckere Sachen zu fressen. So wurde mir allmählich immer deutlicher, dass mein Weihnachtsgeschenk eigentlich nur etwas Fressbares sein konnte. Die nächste Überlegung war, wo Mrs. Brown das Geschenk wohl versteckt haben könnte. Nun, für ein Hirn wie meins war das kein Problem. Wo versteckt man normalerweise Fresssachen? Natürlich in der Küche.

Ich schlich mich in die Küche. Im Mondschein machte ich die Speisekammertür auf und schnüffelte ein bisschen herum, aber es war nichts Besonderes zu erschnüffeln. Ich machte jeden Küchenschrank einzeln auf, und ich schaffte sogar, ein paar Schubfächer in den Schränken rauszuziehen. Aber da waren nur Töpfe und Tassen und Papiere und Pakete und Besen und Bürsten und Büchsen und Bestecke – lauter blöde, langweilige Sachen, die unmöglich ein Geschenk für einen Superhund oder auch einen gewöhnlichen Hund sein konnten.

Ich hatte schon fast aufgegeben, als ich am Backofen vorbeikam. Irgendetwas an diesem Backofen ließ mich stehen bleiben, schnuppern, die Nase in die Luft recken und noch mal schnuppern. In der Küche war ein ganz bestimmter Geruch, der sich von allen anderen Küchengerüchen deutlich unterschied – süßer, saftiger, irgendwie fleischiger. Das war genau der Geruch, der in einem Superhund das Bedürfnis weckte, die Backofentür aufzumachen. Und wie es der Zufall so wollte, fiel mir wieder ein, dass der Backofentürgriff ja vor ein paar Wochen abgebrochen war. Mrs. Brown hatte dauernd zu Mr. Brown gesagt, er solle den Griff festmachen, und Mr. Brown hatte dauernd gesagt, er würde es schon machen, machte es dann aber doch nicht, sondern befestigte einfach ein Stück Bindfaden. Ich hatte nicht die geringsten Schwierigkeiten, die Schnur mit meinen superscharfen Zähnen durchzubeißen. Flupp! Die Tür ging auf, fast ohne dass ich sie berührt hätte. Der Duft, der mir entgegenströmte! Wie kann ich ihn beschreiben? Es war ein Duft, der durch die Nase direkt ins Maul zieht, die Zähne kitzelt und die

Zunge … In meinem Leben habe ich noch nicht so einen Hunger gespürt.

Und wo kam dieser Duft her? Gebratener Truthahn. Ich konnte es nicht fassen. Ein gebratener Truthahn, groß und braun und so knackig-saftig, wie man ihn sich nur wünschen kann. Was für ein Weihnachtsgeschenk! Ich wäre am liebsten die Treppe raufgerast, rein ins Schlafzimmer und hätte Mrs. Brown tausend Küsse gegeben – aber ich tat es nicht. Weil da etwas war, das noch viel dringender war. Kein Hund, kein Lebewesen hätte diesem Geruch widerstehen können. Ich steckte meinen Kopf in den Backofen, packte einen Truthahnschenkel und zerrte den ganzen herrlichen Vogel heraus, runter auf den Küchenfußboden. Das Blech, auf dem er lag, schepperte gewaltig, und für eine Sekunde durchfuhr mich die Angst, es könnte jetzt jemand aufwachen. Aber das Haus blieb ruhig.

Ihr könntet jetzt sagen, dass ich lieber bis zum nächsten Tag hätte warten sollen, um mich richtig über mein Geschenk zu freuen, aber ihr dürft nicht vergessen, dass ich noch sehr jung war, und junge Hunde haben nicht so viel Geduld wie alte. Außerdem wollte ich ja auch bloß ein paar Hapse abbeißen – schließlich war es mein Geschenk, und den Browns würde es egal sein. Mir aber nicht. Ich biss also kräftig zu, und ihr könnt mir glauben: Noch nie habe ich so etwas Köstliches gefressen wie diesen Truthahn. Weihnachten, so fand ich jetzt, war doch eine der besten Ideen, auf die die Menschen je gekommen sind.

Ich hatte mich ungefähr halb durch mein knuspriges Geschenk gefressen, als mir ein bisschen schlecht wurde. Das Einzige, was man in einer solchen Situation tun kann, ist sich hinlegen und schlafen, und das wollte ich. Bevor ich einduselte, dachte ich daran, dass ich der glücklichste Hund der Welt wäre. Vielleicht würden die Browns ein bisschen enttäuscht sein, dass ich mein Geschenk schon vor Weihnachten entdeckt hatte. Aber es lohnte sich jetzt nicht mehr, den Puter in den Ofen zurückzuschleppen – außerdem würden sie vermutlich sowieso lachen und sagen, was für ein schlauer Hund ich doch sei, dass ich mein Weihnachtsgeschenk schon gefunden hatte.

Aber das haben sie dann nicht gesagt, und sie haben auch nicht gelacht, und ich war alles andere als der glücklichste Hund der Welt.

Es kam alles ganz anders.

Als Mrs. Brown am nächsten Morgen in die Küche kam, weckte mich ihr entsetztes Wutgeschrei nicht nur aus tiefstem Schlaf – es verwandelte mich auch sofort in ein bibberndes Häufchen Elend. Nie in meinem Leben habe ich solche Angst gehabt. Auf ihr Schreien hin kamen Mr. Brown, Tony und Tina die Treppe runtergerannt, und man konnte ihren Gesichtern ablesen, dass sie nicht etwa enttäuscht darüber waren, dass ich mein Geschenk zu früh gefunden hatte – der Truthahn war nämlich gar nicht mein Geschenk.

Der Truthahn war der Weihnachtsbraten.

Woher sollte ich das, bitte schön, wissen? Ich versuchte, ihnen zu erklären, was passiert war, aber ich wusste gleich: Sie würden es nie begreifen. Vielleicht Tony und Tina, weil sie beide sagten, es sei nicht meine Schuld, und später sagte Mrs. Brown noch, es sei Mr. Browns Schuld, weil er den Backofentürgriff nicht heilgemacht hatte. Aber daran hatte sie wohl nicht gedacht, als sie mich mit dieser wütenden, entsetzten Stimme aufweckte, und auch nicht, als ich im Schuppen draußen saß und mich langsam von einem schweren Schock und plötzlichem Durchfall erholte.

Trotzdem: Am Nachmittag hatten sie offenbar beschlossen, mir zu verzeihen, und Tina durfte mich wieder ins Haus holen. Und dann passierte etwas Überraschendes. Mrs. Brown hatte nämlich tatsächlich ein Weihnachtsgeschenk für mich! Es war ein Gummiknochen. Ich bitte euch – ein Gummiknochen! Kann man sich etwas Widerwärtigeres als einen Gummiknochen vorstellen? Stellt euch vor, ihr sollt an einem Gummiknochen herumkauen, nachdem ihr gerade einen halben Truthahn verspeist habt. Mir wurde schon vom bloßen Geruch schlecht. Aber wie ich schon oft bemerkt habe, die Menschen begreifen so etwas nicht. Genauso wütend, wie sie darüber waren, dass ich mich über das beste Weihnachtsgeschenk der Welt gefreut hatte, genauso würden sie mich dafür lieben – ich hatte das schon im zartesten Alter kapiert –, wenn ich so tat, als ob ich mich über das blödeste Weihnachtsgeschenk der Welt freute. Ich nagte also an diesem Knochen herum, wedelte mit dem Schwanz, japste und rollte mit den Augen.

„Bitte", sagte Mrs. Brown, „er mag ihn!" Wenn man Weihnachten unbedingt glücklich sein muss, dann hat man glücklich zu sein.

WLADIMIR KAMINER

Das kleine Mädchen

Kurz vor Weihnachten sagte das kleine Mädchen zum Teufel in der Himmelskanzlei, ich möchte nicht mehr warten. Ich möchte jetzt wiedergeboren werden, und diesmal bitte bei vernünftigen Eltern. Wenn es geht, solche, die nicht ständig streiten. Und außerdem möchte ich eine normale Schule besuchen und nicht so ein Folterzentrum für Begabte.

Der Teufel machte große Augen, wackelte mit den Hörnern und sagte – ganz pathetisch: „Die Eltern kann man nicht auswählen." Das sagte er mit rauer Stimme und starrte dabei auf das Mädchen, wahrscheinlich um seiner Aussage mehr Gewicht zu geben. „Kann man doch!", widersprach ihm das Mädchen. Und wenn schon nicht die Eltern, dann mindestens die Schule wechseln, das muss doch gehen.

Das Mädchen war gerade gestorben und musste in der Himmelskanzlei unglaublich viele Papiere ausfüllen, Fragebögen und Anträge auf Wiederauferstehung. Unter anderem musste sie dafür alle ihre noch lebenden und bereits verstorbenen Freundinnen und Freunde, überhaupt alle, die sie kannte, in Druckschrift mit Vor- und Nachnamen in einem speziellen Formular auflisten, dazu alle ihre Zeugnisse, angefangen mit den Grundschulzeugnissen, im Original vorlegen. „Sie können sowieso nicht jetzt gleich wiedergeboren werden", murmelte der Teufel. „Sie müssen nachsitzen. Sie haben sich zu wenig Mühe gegeben. Sehen Sie, Sie hatten in der vierten Klasse eine Fünf in Latein." – „Das kann doch nicht wahr sein", regte sich das Mädchen auf, „wegen solcher Kleinigkeiten machen Sie mir meine Wiedergeburt kaputt. Eine Fünf in Latein! Dazu noch in der vierten Klasse!" – „Nach unseren Erkenntnissen war aber genau diese Note für die traurigen Ereignisse verantwortlich, die Ihnen später widerfuhren", kanzelte der Teufel sie ab. „Ach so!", rief das Mädchen. „Dann sage ich Ihnen etwas. In der vierten Klasse hatten wir nämlich noch gar kein Latein. Latein hat bei uns erst in der fünften Klasse angefangen." Das Mädchen weinte beinahe. Sie hatte sich gerade in Latein in der fünften Klasse so viel Mühe gegeben. Sie wurde von ihren Eltern auf ein Lateingymnasium geschickt, dort mussten sich alle Schüler jahrelang nur auf Latein untereinander unterhalten. Etliche ihrer Mitschüler hielten es nicht aus, sie drehten durch. Ein Mädchen aus ihrer Klasse vergaß dabei sogar alle anderen Sprachen – außer Latein. Sie war der harten Realität ausgeliefert, konnte sich weder mit ihren Eltern verständigen noch eine Currywurst auf der Straße kaufen, weil ihre Eltern und die Wurstverkäufer kein Latein konnten. Außerdem war Latein eine alte Sprache aus einer früheren Zeit, als es noch gar keine Currywürste gab. Auch keine Pizza, kein Lasagne, keine Cola und keine Gummibärchen. Deswegen konnte man so gut wie nichts auf Latein bestellen. Das Mädchen hungerte, sie wurde von ihren Eltern aus der Schule genommen und in ein spezielles Internat gesperrt, wo alle nur Latein sprachen. Dort lebte sie bis zur Frührente.

Einem anderen Jungen, dem Nachbarn unseres Mädchens, erging es noch schlimmer. Ihn hatten die Eltern in eine „Naturschule" aufs Land geschickt. Dort mussten alle Schüler im Einklang mit der Natur leben, mit Tieren, Vögeln und Insekten zusammen. Jeder Schüler musste sich dort außerdem ein anderes Lebewesen als Vorbild nehmen, es aufmerksam betrachten und alles genau so tun wie sein Vorbild. Die Lehrer nannten das Vertiefung in den Weltgeist, weil dieser Geist angeblich nicht nur in Menschen, sondern in allen Lebewesen lebt. Viele Schüler an dieser Landschule entschieden sich für Schweine als Vorbild. Sie lagen tagein, tagaus in einer großen Pfütze auf dem Schulbauernhof und grunzten mehr oder weniger zufrieden. Andere freundeten sich mit Kühen an und kauten unermüdlich wieder. Unser Junge hatte sich aus Trotz Bienen ausgewählt, ihre Bewegungsfreiheit faszinierte ihn. Als einzige im Dorf konnten diese Bienen weit weg fliegen. Nichts wünschte sich der Junge mehr, als eines Tages weg von dieser Schule zu fliegen, weit weg. Seine ganze Hoffnung waren die Bienen, er dachte, wenn er sich mit den Bienen zusammentäte, würde es für ihn leichter sein, der Schule zu entkommen. Die Bienen waren ein fleißiges Volk. Jeden Morgen um fünf Uhr früh flogen sie los, jeden Abend um 17 Uhr 30 kamen sie zurück, voll beladen mit Nektar. Der Junge konnte nicht fliegen, er hatte keine Flügel, wurde aber trotzdem von der Schulleitung zur Honigproduktion gezwungen. Also musste er jeden Tag nackt im Gebüsch um die Schule herumkriechen und am eigenen Körper ein bisschen süßen Nektar für den Honig sammeln. Mit leisem Summen durchquerte er die Parkanlage und huschte durch Büsche, es war eine mühsame Arbeit, er musste stundenlang herumrennen, um ein paar Gramm zu sammeln. Die Bienen leckten ihn abends ab, dennoch blieb jedes Mal etwas vom Nektar an seinem Körper kleben.

Ein anderer Freund des Mädchens, ebenfalls ein Nachbar, hatte eine Schule erwischt, wo die Kinder sich gute Noten kaufen konnten. Sie hieß die Schule der Zukunft oder so ähnlich. Die Kinder durften dort alles tun und machen, was sie wollten, sie durften buchstäblich auf dem Kopf stehen oder den ganzen Tag schaukeln, das wurde ihnen jedoch alles in Rechnung gestellt. Die Rechnungen häuften sich an. Sie mussten natürlich nicht gleich beglichen werden, erst wenn die Schüler halbwegs erwachsen wurden, waren sie dran. Diese Schule war unglaublich reich, weil sehr viele Kinder faulenzten und nicht über die Zukunft nachdachten. Die wenigen aber, die sich Mühe gaben, die Streber unter ihnen, bekamen im Gegensatz dazu das Geld von der Schulleitung. An jedem Tag wurden die Armen ärmer und die Reichen reicher.

All diese Schulen haben sich wahrscheinlich Erwachsene ausgedacht, um den Kindern zu zeigen, dass die Kindheit kein Honigschlecken ist. Obwohl es bei dem einem Jungen ja tatsächlich Honig pur war, in dem er gelandet war. Und das Mädchen hatte auch noch Glück mit ihrer Lateinschule, aber die Eltern, mein Gott, damit hatte sie ein Problem! Sie stritten sich nämlich die ganze Zeit wie verrückt. Dabei waren sie beide, jeder für sich genommen, nette Menschen, beide hatten sie beruflich mit Wetter zu tun, die Mama arbeitete in einem Ministerium, das für den Frühling und den Sommer zuständig war, der Vater war im Winter-Herbst-Ministerium untergekommen. Und beide liebten ihre einzige Tochter über alles. Aber einander konnten sie nicht ausstehen. Keine drei Jahre nach der Hochzeit fingen sie an, sich zu trennen und alles aufzuteilen, was sie gemeinsam besaßen, vor allem die Tochter wollten sie teilen. Jeder wollte sie ganz für sich haben, bis das Familiengericht eine Entscheidung fällte. Sie sollte im Sommer bei der Mama und im Winter bei ihrem Papa leben. Doch im Sommer, wenn sie bei der Mama war, wurde ihr Papa dermaßen schlecht gelaunt, dass er mit der ganzen Kraft seines Ministeriums den Winter heraufbeschwor, plötzlich lag überall Schnee auf den Sommerfeldern, und die Touristen auf Mallorca froren im Eis ein. Ging die Tochter im Winter zum Vater, bekam umgekehrt ihre Mama eine solche Sehnsucht nach ihr, dass sie die Sonne auf unmögliche Temperaturen erhitzen ließ und Papas Schnee im Nu schmolz. Die Skiläufer fielen von der Schneepiste, weil sie plötzlich in einem Haufen aus Schlamm und Sand standen. Das Mädchen liebte beide Elternteile und konnte sich nicht entscheiden, es war eine einzige Qual. So lebten sie eine ganze Weile – froren im Sommer und schwitzten im Winter, bis sie alle alt wurden und starben. Nach den geltenden Regeln der Himmelskanzlei konnte das Mädchen eigentlich sofort wiedergeboren werden, vorausgesetzt, die Zeugnisse stimmten und der ganze übrige Quatsch.

„Na gut", sagte der Teufel und holte endlich seine Stempel aus der Tischschublade. „Du bist mir ehrlich gesagt irgendwie sympathisch. Nie im Leben würde ich sonst jemandem mit derart schlechten Noten helfen, aber bei Dir erlaube ich mir eine Ausnahme. Ich übersehe einfach diese schlechte Note, nicht jeder kann Latein. Ich auch nicht. Du wirst jetzt wieder-geboren. Doch vorher möchte ich dir noch etwas Wichtiges mitteilen. Du gehst zurück, doch dein Gedächtnis wird hier aufbewahrt. Das heißt, ab sofort wirst du dich an niemanden erinnern, den du kanntest, niemand erkennen, den du lieb-test und dich an nichts mehr erinnern, was dir lieb und teu-er war. Du fängst ganz von vorne an. Und falls Dir jemand irgendwie bekannt oder vertraut vorkommt, falls du denkst, du hättest ihn schon einmal irgendwo gesehen, vergiss es! Und denke nicht darüber nach, ihn deswegen anzusprechen! Alles wird sich neu in deinem Leben einstellen, alles wird wieder vernünftig werden, im Sommer wird die Sonne schei-nen und im Winter Schnee fallen!" Das Mädchen nickte kurz, schloss die Augen, kam wieder auf die Welt – und alles war wirklich genau so, wie vom Teufel vorhergesagt.

6. DEZEMBER

MARLENE FARO

In schönster Harmonie?

Es weihnachtet auch in unserer Dachwohnung, natürlich nur sehr diskret, eine silberne Schale mit Keksen von „Engelhardt & Sohn" steht auf dem Couchtisch aus hellem Birkenholz, über dem Kaminofen lehnen Einladungen zu Weihnachtsmärkten und wohltätigen Basaren, es duftet nach Harz und Tannenzweigen.

Simon eilt von einem Geschäftsessen zum nächsten Punsch, die Adventszeit bedeutet das alljährliche Umsatzhoch für einen Weinhändler, Firmen ordern kistenweise ihre

Präsente für treue Kunden, es wird eifrig gebunkert für die Feiertage, wie sonst soll man eine ganze Woche im Kreis seiner Lieben überstehen.

Dann ist der vierundzwanzigste Dezember da, ich gehe schon frühmorgens zum Markt, vor den Fischständen bilden sich lange Schlangen in der Kälte, wir stehen in Pfützen aus Blutwasser und Eis. In einem offenen Bottich schwimmen Karpfen, die Frau vor mir deutet auf ein besonders schweres Kaliber und schon hat ihn der Fischhändler herausgeangelt, zack, der Kopf ist ab, der Rumpf zuckt noch ein bisschen, der Gehilfe des Fischhändlers wickelt alles in Pergamentpapier, nimmt mit fischigen Fingern den Schein entgegen, gibt ein paar Münzen heraus, danke und schöne Feiertage auch, der Nächste, bitte.

Zwei Kabeljaufilets, sage ich, und um die Mundwinkel des Fischhändlers zuckt es ein klein wenig verächtlich, Kabeljaufilets, kein Hummer, nicht einmal Lachs, nun ja, dabei ist die doch ganz schön teuer angezogen. Aber dann wünscht er mir doch frohe Weihnachten, wir lächeln uns sogar an, wenigstens heute wollen wir Neid und Missgunst aus unseren Herzen verbannen, durch meine Sohlen beginnt das Eiswasser zu sickern.

Simon telefoniert gerade, als ich nach Hause komme, kaum hat er aufgelegt, klingelt es schon wieder, die besten Wünsche, ja, euch auch allen, wir müssen uns unbedingt treffen, wenn der Rummel vorüber ist, ja, ich richte es ihr aus, doch, Agnes geht es gut, vielen Dank nochmals und Grüße, bis dann.

Puuh, sagt Simon, als er zu mir in die Küche kommt, Weihnachten ist echt ein Schrecknis, tut mir leid, Sterntalermädchen, ich weiß, du liebst dieses ganze Brimborium, aber mich kostet es bloß Nerven, obwohl, der Absatz war wirklich hitverdächtig in diesem Jahr, wir sind praktisch leer gekauft, die Leute kaufen wie verrückt, die Flasche um hundert Mark, da zucken die nicht einmal mit der Wimper. Und Simon fasst mich um die Taille, nicht doch, sage ich, ich muss doch den Fisch trockentupfen, sag' bloß, es gibt wieder gebackenen Kabeljau, sagt Simon, du wirst es überleben, sage ich, das ganze Jahr isst du nur vom Allerfeinsten, da ist doch gar keine Steigerung mehr möglich.

Wir zanken uns noch ein wenig, liebevoll, ernsthaft streiten wir nie, Simon zerzaust meine Haare, und ich kann mich nicht wehren, mit meinen Fischfingern, dann muss er von mir ablassen, das Telefon läutet wieder,

Am späten Nachmittag wird es ganz ruhig in unserem Viertel, nur auf dem Strom ziehen die Lastkähne vorüber, die meisten haben Lichterketten zwischen den Schornsteinen gespannt, manche haben sogar ein geschmücktes Bäumchen auf dem Deck angebracht, die Lamettafäden flattern im Wind, ich denke mir, dieser Fluss ist das Beste an der ganzen Stadt. Auch in den Wohnungen beginnt es schon vereinzelt zu glitzern und zu gleißen, ich vermeine Stimmen zu hören, die ein Lied singen, von Glöckchen und Schlittenfahrten, aber es kann sich nur um eine Einbildung handeln.

Simon und ich haben keinen Weihnachtsbaum, das wäre wohl auch ein bisschen peinlich für ein kultiviertes Paar ohne Kinder, ja sogar ohne Hund, dafür prangt ein wunderschönes Gesteck auf dem langen Tisch im Speisezimmer, mit dicken Kerzen und rotgoldenen Schleifen, es knistert ein wenig, als die Dochte brennen.

Nach dem Essen nehmen wir die halbleere Flasche Chablis mit ins Wohnzimmer, Simon hat die Holzscheite im Kaminofen angezündet, wie von Zauberhand liegen ein schmales Päckchen und ein Kuvert auf dem Couchtisch aus hellem Birkenholz, neben den Keksen von „Engelhardt & Sohn".

Simon sieht mir zu, wie ich das schmale Paket öffne, ein Etui kommt zum Vorschein, Simon blickt mich erwartungsvoll an und grinst wie ein Schuljunge, der etwas angestellt hat, in dem Etui liegt eine zierliche Goldkette, an dem Kettchen hängt ein goldener Stern, an seinen Spitzen funkelt es wie Tautropfen. Für dich, Sterntalermädchen, sagt Simon, damit du mich nicht ganz vergisst in St. Petersburg.

Dich vergessen, ach du Spinner, sage ich, wir halten uns an den Händen, Simon drückt mich an sich, es knackt ganz leise in meinem Brustkorb, so muss die Liebe sein, wie in den alten Märchen, es schnürt dir das Herz ab.

Jetzt mach' doch mal das andere Dings da auf, sagt Simon, seine Haare sind an den Schläfen zerzaust. Ich entferne die

Schleife, die um das Kuvert gewickelt ist, ein Prospekt fällt mir entgegen und zwei rote Billetts mit weißer Aufschrift, Flugtickets, ganz eindeutig. Eine Reise, so denke ich, und dass eine Nacht mit Simon im Packeis so ziemlich das Beste wäre, was ich mir vorstellen kann.

Aber auf dem Prospekt ist ein klobiger Felsen abgebildet, wie ein Buckel aus vorsintflutlicher Zeit, rundum scheinen nur rötlicher Staub und Sand zu sein, das ist Ayers Rock, sagt Simon, das Herz Australiens, mitten in der Wüste.

Schau' doch nicht so erschreckt drein, Agnes, sagt Simon, ich stelle mir das unheimlich spannend vor, du wirst schon sehen, wir mieten uns einen Jeep und fahren durch Australien, dort wollte ich schon immer mal hin, außerdem können wir gleich ein paar Weingüter besuchen, ich würde liebend gerne einen größeren Handel mit Weinen aus dem Pazifik aufziehen, die Leute kaufen das Zeug wie verrückt, der Shiraz Cabernet war der Renner im Weihnachtsgeschäft.

Oh, das ist wirklich wunderschön, murmle ich, ehrlich, Simon, es klingt so richtig nach Abenteuer.

Dann hole ich Simons Päckchen, oder besser Paket, es ist groß und federleicht, mein Mann drückt und schnüffelt daran herum, gib mir einen Tipp, Agnes, er freut sich wie ein Kind auf die Überraschung. Ich bin lange herumgelaufen, um diesen Bademantel zu finden, er ist so kuschelweich, bernsteinfarben wie die Augen meines Mannes, mit grünen Sprenkeln darin. Hmmm, macht Simon, und hält sich den

Stoff an die Wange, ein kleiner Zettel rutscht aus der Tasche, nie wieder Kabeljau steht darauf, Simon zieht mich an sich, Agnes, du Verrückte, ich liebe dich, für dich würde ich sogar Blumenkohl essen. Ich liebe dich auch, sage ich zu meinem Mann, der Blumenkohl seit seiner Kindheit verabscheut, für dich fahre ich sogar nach Australien.

Simon geht ins Bad und probiert seinen Bademantel an, er kommt zurück und sieht zum Anbeißen aus, wir beschließen, dass er ihn gleich wieder ausziehen muss, Weihnachten ist doch das Fest der Liebe, ich schließe die Augen und stelle mir vor, dass wir auf einer Eisscholle dahintreiben, rundum ist Kälte, nur der Mann in mir spendet Wärme und Überleben.

7. DEZEMBER

HANS SCHEIBNER

Silvester bei Wolfgang

Wolfgang sitzt allein zu Haus am Tisch und blättert in seinem Adressenverzeichnis: „Wenn ich Herbert und Elke einlade, kann ich natürlich Bärbel nicht einladen. Verdammt – und gerade Bärbel wäre so wichtig für die Stimmung."

Vor einem Jahr auf der Silvesterparty von Karl-Heinz und Erika hatten sie ihn verdonnert: „Die nächste Silvesterparty findet bei dir statt."

„Na klar", hatte Wolfgang sofort gesagt, „bei mir als geschiedenem Vater gibt's ja auch keine Probleme."

Vor drei Wochen hatte Elke, seine Schwägerin, auf den Busch geklopft: „Silvester geht doch in Ordnung?"

„Selbstredend. Ist doch abgemacht."

Und vorgestern rief Bärbel an.

„Silvester bei dir? Oder?"

„Ja, ja. Ist doch beschlossen."

Verdammt – was soll er denn jetzt machen? Warum muss sein Bruder Herbert denn auch ausgerechnet was mit Bärbel anfangen? Und wenn schon – warum ist er so blöd, dass Elke das rauskriegt?! Also – wen soll er nun ausladen? Bärbel? Dann heißt es doch wieder: Spießer! Der Bruder geht wohl vor. Und wenn er Herbert und Elke auslädt… Am besten wäre ja, er könnte Elke ausladen – aber das kann man wohl nicht machen… Ist das ein Mist! Ja, verflixt, dann sollen sie eben alle drei zu Hause bleiben!

Wolfgang blättert weiter in seinem Verzeichnis; Günther und Susanne. – Ein tiefer Seufzer entringt sich seiner Brust. Fünfzehn Jahre waren sie seine besten Freunde. Und jetzt? Vor sechs Wochen ist Günther von zu Hause ausgezogen. Mid-life-Crisis oder weiß der Teufel! Haust jetzt in einer Kellerbude wie in der Studentenzeit. Und Suanne läuft wie ein Geist umher und will nicht mehr leben!

Aber wen lädt er nun ein, und wen lädt er aus? Ob die Leute bei ihren Ehedramen eigentlich nie an ihre Freunde denken? – Ja, verdammt noch mal. Dann bleiben die eben auch zu Hause!

Wen hat er denn da noch? Manfred und Erika … Du großer Gott! Statt sich zu trennen, wie das anständige Leute tun, versuchen sie seit acht Wochen, ihre sexuellen Probleme in einer Selbsterfahrungsgruppe zu lösen.

Wolfgang stöhnt auf: Soll ich mir vielleicht wieder den ganzen Abend anhören, dass Manfred sexuell verklemmt ist, weil er als Kind zu lange mit seiner Schwester in einem Zimmer geschlafen hat? Muss ich vielleicht wieder darüber diskutieren, dass Erika, trotz ihrer drei Kinder, nie einen Höhepunkt hatte, weil sie als kleines Mädchen immer nur Trainingshosen tragen musste? – Nein, nein, nein! Die werden auch ausgeladen!

Und Fräulein Matthies, meine reizende Kollegin? Liegt wegen Schlaftabletten im Krankenhaus – weil ihr Geliebter sie betrügt und ihr Mann nicht bezahlt.

Und Annette? Hat sich seit ihrer Scheidung aus der bürgerlichen Gesellschaft zurückgezogen. Schreibt einen Roman und ist lesbisch geworden.

„Verdammt", ruft Wolfgang. „Sind die denn alle durchgedreht? Dann bleibt mir ja nur noch – meine eigene geschiedene Frau."

Wolfgang greift zum Telefon. „Rita, ich wollt' nur fragen – wegen Silvester. Wenn ihr Lust habt, du und dein Robert, dann …"

„Ach, das ist nett von dir. Aber Robert ist in letzter Zeit wieder so eifersüchtig – auf dich."

„Na schön, in Ordnung. Dann schick mir wenigstens den Hund zum Feiern!"

„Aber das ist es doch gerade. Robert hat Angst, dass der Hund dich nicht vergessen kann."

„Prost Neujahr!", sagt Wolfgang – und klappt sein Adressenverzeichnis zu.

8.

DEZEMBER

JOHANN WOLFGANG VON GOETHE

Christgeschenk

Mein süßes Liebchen! Hier in Schachtelwänden
Gar mannigfalt geformte Süßigkeiten.
Die Früchte sind es heilger Weihnachtszeiten,
Gebackne nur, den Kindern auszuspenden!

Dir möchte ich dann mit süßem Redewenden
Poetisch Zuckerbrot zum Fest bereiten;
Allein was solls mit solchen Eitelkeiten?
Weg den Versuch, mit Schmeichelei zu blenden!

Doch gibt es noch ein Süßes, das vom Innern
Zum Innern spricht, genießbar in der Ferne,
Das kann nur bis zu dir hinüberwehen.

Und fühlst du dann ein freundliches Erinnern,
Als blinkten froh dir wohlbekannte Sterne,
Wirst du die kleinste Gabe nicht verschmähen.

9.

ANNA PETERS

Ein Ferkel als Weihnachtsgeschenk

Mia bekam von Hannes ein Ferkel geschenkt. Rosarot und possierlich saß es unter dem Christbaum.

„Ein Ferkel ist doch kein Weihnachtsgeschenk!", rief Mia ärgerlich aus.

„Es ist ein besonderes Ferkel", sagte Hannes. „Du wirst schon sehen."

Weil der Stall, den Hannes für das Ferkel zimmerte, noch nicht ganz fertig war, schlief es in der Küche in einer großen Kiste.

Doch nachts fing es laut an zu quieken, so jämmerlich, dass es Mia leidtat. „Es wird einsam sein", sagte sie und stellte die Kiste mitsamt dem Ferkel ins Schlafzimmer.

Das Ferkel stieg aus der Kiste und legte sich zu Mia und Hannes ins Bett.

„Es ist wirklich ein besonderes Ferkel", sagte Mia zu Hannes. „Es wird schon richtig zutraulich. Aber ein richtiges Weihnachtsgeschenk ist es trotzdem nicht."

„Du wirst schon sehen", sagte Hannes.

Am Weihnachtsmorgen schien die Sonne zum Fenster herein. „Ist das ein Sauwetter an Weihnachten!", quiekte das Ferkel und rieb sich die Augen.

„Wieso Sauwetter?", fragte Hannes. „Die Sonne scheint doch."

„Das sage ich ja. Es ist ein Wetter, das jeder Sau gefällt."

„Es kann reden", sagte Mia. „Dein Geschenk ist vielleicht doch nicht ganz so schlecht, wie ich anfangs dachte. Wenn ich allein daheim bin, kann ich mich wenigstens unterhalten."

Zu dritt standen sie auf und frühstückten. Es gab frische Semmeln, ein paar Lebkuchen und Äpfel vom Christbaum.

„Ein Saufraß!", grunzte das Ferkel befriedigt und wischte sich die letzten Krümel vom Rüssel.

„Hat dir das Frühstück nicht geschmeckt?", fragte Mia.

„Doch, das sage ich ja", entgegnete das Ferkel. „Ein Fressen, das jeder Sau schmeckt. – Und überhaupt fangen die schönsten Wörter mit SAU an: Sauerkraut, saufen, Sausewind."

„Es kann nicht nur reden, sondern auch überlegen", sagte Mia. „Dein Geschenk gefällt mir immer besser."

Das Ferkel spazierte in den Hof hinaus. Draußen lag Schnee und es war glatt.

„Saukalt und sauglatt!", schrie das Ferkel glücklich, nahm Anlauf und sauste dann auf seinem dicken Hinterteil über den Hof. Als es endlich wieder auf seinen vier Beinen stand, grunzte es zufrieden: „Das war saugut! Ich habe schon immer gewusst, das Leben ist eine wunderbare Sauerei."

„Gefällt es dir nicht?", fragte Mia erschrocken, die aus dem Haus kam.

„Aber doch, das sage ich ja gerade", antwortete das Ferkel. „Besser kann es überhaupt nicht sein."

„Stimmt", sagte Mia. „Besser kann es nicht sein. Und das gilt auch für mein Weihnachtsgeschenk!"

Aus dem kleinen Ferkel wurde ein großes und rundes Schwein, das zu viel zu gebrauchen war. Es fraß alle Abfälle und suchte Trüffel im Wald, die alle gern aßen. Man konnte sich immer gut mit ihm unterhalten. Später, als Mia und Hannes Kinder hatten, passte es auch auf sie auf.

„Macht nur eine ordentliche Schweinerei", sagte es immer zu ihnen, „dann habt ihr im Leben viel Spaß."

Und das hatten die Kinder.

„Dieses Ferkel ist wirklich einmalig", sagte Mia zu Hannes. „Es war wirklich das beste Weihnachtsgeschenk aller Zeiten."

Natürlich wurde das Schwein nie geschlachtet. Es saß jedes Jahr, solange es lebte, an Weihnachten unter dem Christbaum. Schließlich konnte es sogar ein paar Weihnachtslieder. Es grunzte die Lieder auf seine Art und Weise."

DORIS DÖRRIE

Als ich klein war

Als ich klein war, konnte man kurz vor der Bescherung aus dem Küchenfenster den Weihnachtsmann hinten durch den Garten auf einem Esel davonreiten sehen. Knecht Ruprecht führte den Esel, der Weihnachtsmann hatte einen spitzen Hut auf und hielt einen großen leuchtenden Stern in der Hand. Er sah, wenn ich es genau bedenke, eigentlich eher aus wie Nikolaus, aber ich konnte die beiden sowieso nie recht auseinanderhalten.

Ich muss fünf oder sechs gewesen sein, da fand ich im Badezimmer ein wenig Watte unterm Waschbecken, und auf dem Beckenrand lag eine offene Tube Uhu. Ich dachte mir nichts dabei, aber dann, während wir in der Küche die Weihnachtslieder sangen, fiel mir auf, dass Onkel Robert und Alfred, der Bruder von Imo, plötzlich nicht mehr in der Küche waren. Ich erschrak. Ein großes schwarzes Loch tat sich vor mir auf und drohte mich zu verschlucken. Ganz allein auf der Welt war ich mit einem Mal; da nahm Imo Lena und mich an der Hand und führte uns zum Fenster. Mal sehen, sagte sie wie jedes Jahr, ob wir zufällig den Weihnachtsmann entdecken.

Als er dann pünktlich wie immer vorbeikam, sah ich nicht zu ihm, sondern auf Imo. Sie sah aus dem Fenster, die Falten in ihrer Haut sahen aus wie Schlittenspuren im Schnee. Zum ersten Mal in meinem Leben fand ich sie alt.

Oh, sagte ich aus meinem schwarzen Loch heraus zu ihr, da! Guck doch! Der Weihnachtsmann! Und ich sah, wie ein Lächeln über das Gesicht meiner Großmutter wanderte wie ein Lichtstrahl. Sie drückte Lena und mich an sich.

Ja, flüsterte sie, da haben wir aber Glück gehabt. Wir haben ihn tatsächlich gesehen!

HEINRICH HEINE

Altes Kaminstück

Draußen ziehen weiße Flocken
Durch die Nacht, der Sturm ist laut;
Hier im Stübchen ist es trocken,
Warm und einsam, stillvertraut.

Sinnend sitz ich auf dem Sessel,
An dem knisternden Kamin,
Kochend summt der Wasserkessel
Längst verklungne Melodien.

Und ein Kätzchen sitzt daneben,
Wärmt die Pfötchen an der Glut;
Und die Flammen schweben, weben,
Wundersam wird mir zu Mut.

Dämmernd kommt heraufgestiegen
Manche längst vergessne Zeit,
Wie mit bunten Maskenzügen
Und verblichner Herrlichkeit.

Schöne Fraun mit kluger Miene,
Winken süßgeheimnisvoll,
Und dazwischen Harkeline
Springen, lachen, lustigtoll.

Ferne grüßen Marmorgötter,
Traumhaft neben ihnen stehn
Märchenblumen, deren Blätter
In dem Mondelichte wehn.

Wackelnd kommt herbeigeschwommen
Manches alte Zauberschloss;
Hintendrein geritten kommen
Blanke Ritter, Knappentross.

Und das alles zieht vorüber,
Schattenhastig übereilt –
Ach! Da kocht der Kessel über,
Und das nasse Kätzchen heult.

BRÜDER GRIMM

Die Sterntaler

Es war einmal ein kleines Mädchen, dem war Vater und Mutter gestorben, und es war so arm, dass es kein Kämmerchen mehr hatte, darin zu wohnen, und kein Bettchen mehr hatte, darin zu schlafen, und endlich gar nichts mehr als die Kleider auf dem Leib und ein Stückchen Brot in der Hand, das ihm ein mitleidiges Herz geschenkt hatte. Es war aber gut und fromm. Und weil es so von aller Welt verlassen war, ging es im Vertrauen auf den lieben Gott hinaus ins Feld. Da begegnete ihm ein armer Mann, der sprach: „Ach, gib mir etwas zu essen, ich bin so hungrig." Es reichte ihm das ganze Stückchen Brot und sagte: „Gott segne dir's", und ging weiter. Da kam ein Kind, das jammerte und sprach: „Es friert mich so an meinem Kopfe, schenk mir etwas, womit ich ihn bedecken kann." Da tat es seine Mütze ab und gab sie ihm. Und als es noch eine Weile gegangen war, kam wieder ein Kind und hatte kein Leibchen an und fror: Da gab es ihm seins; und noch weiter, da bat eins um ein Röcklein, das gab es auch von sich hin. Endlich gelangte es in einen Wald, und es war schon dunkel geworden. Da kam noch ein Kind und bat um ein Hemdlein, und das fromme Mädchen dachte: „Es ist dunkle Nacht, da sieht dich niemand, du kannst wohl dein Hemd weggeben", und zog das Hemd ab und gab es auch noch hin. Und wie es so stand und gar nichts mehr hatte, fielen auf einmal die Sterne vom Himmel und waren lauter blanke Taler; und ob es gleich sein Hemdlein weggegeben, so hatte es ein neues an, und das war vom allerfeinsten Linnen. Da sammelte es sich die Taler hinein und war reich für sein Lebtag.

13.

DEZEMBER

TANJA DÜCKERS

Die Schneeschnitzeljagd

Als ich am 24. Dezember aus der Haustür trat, entdeckte ich auf einer Bordsteinkante ein Lachemännchen – in den frischen Schnee gezeichnet. Ich dachte, das ist ja schön, dass jemand mal etwas Freundliches malt, nicht immer nur: Fuck Ya, Fotze, Verpiss dich. Kaum war ich fünf Meter weitergekommen, fand ich den nächsten Smiley auf einer verschneiten Kühlerhaube. Noch dachte ich mir bei dieser Koinzidenz nicht viel, stapfte weiter, Streu und Sand knirschte unter meinen Sohlen, seit gestern waren die Stra-

ßen spiegelglatt. Schon von weitem sah ich das große Lachemännchen an dem Stromkasten, auf dem ich manchmal
saß und der Dämmerung zuschaute, dann folgte einer an
einem Flaschencontainer, einem Bauwagen, auf einer zuge-
schneiten ausrangierten Couch, der Radkappe eines LKWs
und einer am Straßenrand liegenden, zerfledderten Zeitung,
Längst war ich an der Bäckerei vorbeigelaufen, in der ich einen Kaffee trinken wollte – ich hatte alle Zeit der Welt zum
Kaffeetrinken, denn ich hatte gerade meine Arbeit verloren.
Um meinen spätvormittäglichen Kaffee konnte mich eigentlich nichts und niemand bringen, aber jetzt suchte ich die
Straßen süchtig nach weiteren Smileys ab. Manchmal stapfte
ich eine Weile ziellos umher, manchmal musste ich ein Stück
zurücklaufen, um ein verstecktes Lächeln, ein schadenfrohes
Grinsen auf der Rückseite eines Briefkastens oder an einer
Regenrinne zu finden, aber ich arbeitete mich doch voran.
    Langsam merkte ich, dass der Weg, den mir ein Frem-
der hier diktierte, mich in eine recht ungemütliche Gegend
führte. Zu meiner Linken erstreckte sich der düstere Bau
einer leerstehenden Fabrik mit eingeschlagenen Scheiben,
zu meiner Rechten ein Stück Wald und eine Mülldeponie.
Plötzlich fragte ich mich, warum ich eigentlich seit zwei
Stunden so beharrlich diesen albernen Smileys folgte, worauf wartete ich?
    Irgendwann würden sich die Zeichen verlieren oder ich
würde sie einfach nicht mehr finden, denn es wurde lang-

sam Mittag, und die Sonne – eine matte, bleiche Winter-
sonne – begann, den Schnee überall in matschige Pampe
zu verwandeln. Wollte ich der Spur weiter folgen, musste
ich mich beeilen. Ein Smiley prangte auf einer der wenigen intakten Fensterscheiben der Fabrik, ein anderer auf
einem Baumstumpf am Waldrand. Dann ging es weiter ins
Unterholz. Mir wurde ziemlich mulmig zumute. Wer weiß,
was für ein seltsamer Typ sich das alles ausgedacht hatte?
Mir kamen schauerliche Gedanken: Vielleicht, schoss mir
durch den Kopf, wollte ein Selbstmörder eine Fährte legen
zu dem Baum, an dem man ihn nur noch als Leiche finden
würde?

Plötzlich stand ich vor einer Art Hundehütte. Auf ihrem
moosbewachsenen Wellblechdach war in den schon fast
gänzlich geschmolzenen Schnee ein sehr großer Smiley
gemalt. Der größte Smiley, den ich bisher gefunden hatte.
Mit abstehenden Ohren und einem zugekniffenen Auge. Ich
starrte auf die Zeichnung, lief einmal um die Hütte. Das kleine ovale Türchen stand halb angelehnt. Mit zitternden Knien
trat ich näher. Ich roch schon die modrige Luft, dann zählte
ich bis zehn und schob meinen Kopf hinein:

Ich sah einen Kreis aus brennenden Kerzen, in ihrer Mitte
lagen mehrere eingewickelte Päckchen. Es fehlte nur noch der
Christbaum. Ich steckte meinen Kopf tiefer hinein, im gleichen Augenblick überfiel mich die Furcht, dass jemand mich
beobachten und gleich in der Hütte einsperren könnte... Ich

zählte noch einmal bis zehn, dann bückte ich mich über die Kerzen und las den Brief neben den Päckchen:

„Wer auch immer den Weg bis hierher gefunden hat: Ein Belohnungsgeschenk wartet auf ihn. Gehwohl-Salbe für müde Füße, eine Flasche spanischer Wein, geklaut aus dem Keller meiner Eltern, ein großer Baumkuchen, eine Sammlung Postkarten aus aller Welt, ein Feldstecher (linke Seite kaputt) und eine Kassette von meiner Band ‚Sweet Surprise‘. Viel Spaß wünscht Unbekannt an Unbekannt." Ganz unten stand, an den äußersten Rand gepresst in kleiner Schrift: Einer der vielen arbeitslosen Spaziergänger in Berlin.

GISA KLÖNNE

Der Stern

Ich fahre. Ich fahre tatsächlich. Raus aus Berlin, nach Norden. Der Himmel ist höher hier und die Autobahn leerer. Dezembernachthimmel. Ich weiß, wenn ich anhalten würde und aussteigen, könnte ich die Sterne sehen. Mehr Sterne als in der Stadt, deutlicher, heller, auch wenn einige von ihnen längst erloschen sind. Noch fünf Tage bis Weihnachten. Ich gebe Gas, schalte das Radio ein, versuche nicht daran zu denken, dass Horst womöglich gar nicht mehr im Gefängnis sitzt und wo er stattdessen sein könnte. Wahrscheinlich komme ich zu spät. Wieder mal. Einfach zu spät.

Die Nachricht hat mich auf Umwegen erreicht. Horst wird entlassen, vorzeitig, wegen guter Führung, vielleicht auch wegen des bevorstehenden Fests.

Weihnachten. Seit Helenes Tod habe ich das nicht mehr gefeiert, nicht in Berlin und erst recht nicht in Mecklenburg. Nach Helenes Beerdigung bin ich überhaupt nicht mehr in dieses winzige Dorf gefahren, in dem wir aufwuchsen und in das sie nach unserem Studium schließlich wieder zog. Dabei hatten wir uns geschworen, dies niemals zu tun, weil Rückkehr und Niederlage viel zu nah beieinanderliegen.

Doch zunächst ging alles gut, ich begann sogar, Helene ein wenig zu beneiden. Um ihren Ehemann, Horst. Und das Gehöft, das ihre Eltern ihr vermacht hatten. Horst hatte Geld. Der Stall, in dem Helenes Vater bis zu seinem Tod ein paar Schweine und Hühner gehalten hatte, wurde zu Helenes Atelier. Der weitläufige Garten zum Skulpturenpark. Zwei Räume im Erdgeschoss des Wohnhauses zur Galerie. Horst fördere ihre Arbeit als Künstlerin, sagte Helene, und tatsächlich war sie in der ersten Zeit so produktiv wie nie. Helene war mein Fixstern und Ruhepol, wenn ich aus Berlin anreiste, um über Entwürfe, Ideen und all diese Aufs und Abs meines Großstadt-Künstlerdaseins zu reden, diesen ewigen Kampf um Ausstellungen, Stipendien, Förderer, Ruhm. Ich vertraute ihr all das an, und sie hörte mir zu. Sie glaube an mich, sagte sie ein ums andere Mal. Und so träumten wir den Traum weiter, der uns seit der Kindheit verband. Kunst. Kreativität. Authentizität. Ich war immer glücklich in Helenes Haus in Mecklenburg, zusammen mit ihr. Und überzeugt, dass auch sie glücklich war. Als ich begriff, dass etwas nicht stimmte, war es schon zu spät.

Ich verlasse die Autobahn, stoppe an einem Gasthof und kaufe mir einen Becher Kaffee, den ich auf dem Parkplatz trinke. Nie sind die Nächte länger als in der Zeit vor Weihnachten, und seit Helenes Tod bringen sie unweigerlich die Erinnerungen zurück. Erinnerungen und Gedanken an Schuld. Meine Schuld, die ich einfach nicht loswerden kann. Die Stille, als ich Helenes Haus zum letzten Mal betrat, weil sie sich einfach nicht bei mir meldete. Diese unglaubliche Stille in dem Haus und der Geruch von Putzmitteln. Beißend. Klinisch. Alles andere übertünchend.

Es kann sein, dass ein Leben von einem Tag auf den anderen zerbricht. Es kann sein, dass das einfach passiert. Es ist nicht sehr wahrscheinlich, aber die Möglichkeit existiert. Nichts ist sicher. Nicht alles ist so, wie es scheint. Auch der Stern von Bethlehem bestand nicht aus einem Stern, sondern aus zweien. Astronomen haben das errechnet, vor zweitausend Jahren schon. Der Stern von Bethlehem war in Wirklichkeit nur der Widerschein einer Planetenkonjunktion. Saturn und Jupiter passierten einander auf ihren Umlaufbahnen so nah, dass sie von der Erde aus eine Zeitlang wirkten wie ein einziger Stern.

Später haben die Kriminalbeamten die Blutspuren gefunden. Viel Blut, wie sie akribisch protokollierten. Helenes Blut. Im Schlafzimmer und im Bad. Auf dem Boden, im Bett, an den Wänden. Ich war es nicht, hatte Horst vor Gericht gesagt, ich war auf Dienstreise, ich habe sie geliebt, verdammt noch mal, und zu mir, nach meiner Zeugenaussage: Das wirst du bereuen, Wanda. Das wird dir noch leidtun. Das schwöre ich dir.

Der Bodensatz des Kaffees schmeckt bitter, ich kippe ihn weg, werfe den Styroporbecher in einen Abfalleimer und fahre weiter. Wann genau kommt Horst frei, was wird er dann tun, mich ebenfalls töten? Am Eingang des Gasthofs schaukelt ein Herrnhuter Stern im Wind, dasselbe Modell hängte auch Helene zu Beginn der Adventszeit über ihre Tür. Fünfundzwanzig Zacken, die an Fang-den-Hut-Figürchen gemahnten, siebzehn große und acht kleine. Jedes Jahr wider mit der gleichen Freude zu einem Stachelgebilde zusammengesteckt. Im Inneren leuchtete eine Glühbirne.

Ich starre ihn an, diesen Stern vor dem Gasthof, starre ihn an, ohne ihn richtig zu sehen. Ich hätte im Gefängnis anrufen und nach Horsts Entlassung fragen sollen, wird mir klar. Ich hätte schon vor Jahren in Helenes Haus fahren sollen, um mir den Stern zu holen. Nicht den Stern, den sie über die Tür hängte, sondern den von uns von Hand mit Goldornamenten bemalten. Eines von zwei Unikaten, die wir während unseres Praktikums in den Werkstätten der Herrnhuter Manufaktur in Sachsen anfertigten. Noch zu DDR-Zeiten, als die Herrnhuter Sterne nicht überall in sämtlichen Größen und Farben hingen wie heute, sondern fast ausschließlich in evangelischen Kirchen und Pfarrhäusern. Als Trost und Hoffnung für einsame Kinder waren diese Leuchtsterne von ihren Erfindern einst gedacht. Still leuchtende Zeugen von Jesu Geburt. Wir hängen unsere Sterne immer zu Weihnachten auf, Wanda, hat Helene zu mir gesagt. Jede den ihren, in ihrer Wohnung. Ein Symbol unserer Freundschaft. Jedes Jahr wieder, solange wir leben.

Der Nachthimmel über mir spannt sich weit, als ich das Dorf erreiche, das noch genauso wie früher wirkt: windschief und abweisend, ein beliebiges mecklenburgisches Dorf. Neben dem Ortseingang schimmert der Löschteich, ein paar Katen ducken sich entlang einer Straße mit Schlaglöchern. Der Konsumladen ist verfallen, die Schule geschlossen. Weder der Aufschwung noch die Touristen kamen jemals hierher.

Horst wird in das Haus fahren, bald, sobald er kann. Ich weiß, dass es so ist, kann es förmlich spüren. Er hat ja sonst nichts mehr, keinen Ort, keinen Freund.

Ich parke am Friedhof und steige aus. Stille umfängt mich, Frost legt sich auf mein Gesicht. Helenes Haus liegt zwei Kilometer außerhalb, jenseits der Viehweiden hinter dem

Friedhof. Ich klettere auf die Feldsteinmauer und spähe hinüber. Kein Licht ist zu sehen, nichts regt sich dort.

Ich will nur den Stern, sage ich mir. Dieses Pfand unserer Freundschaft, eine letzte, greifbare Erinnerung, die ich neben meinen eigenen Stern hängen kann. Ich will nur den Stern, ich brauche nicht lang, ich weiß ja, wo Helene ihn verwahrt. Und Horst ist nicht hier. Vielleicht haben sie ihn ja noch gar nicht entlassen.

Ich zwinge mich vorwärts, laufe auf die Backsteinkirche zu. Auch über ihrem Portal hängt ein Herrnhuter Stern, und ein Chor hebt an. Sie singen tatsächlich, mitten in diesem leeren Land, das so wirkt, als sei es in seiner Vergangenheit erfroren, singen sie.

„Und der Stern, den sie hatten aufgehen sehen, zog vor ihnen her bis zu dem Ort, wo das Kind war; dort blieb er stehen..." Unwillkürlich fällt mir das Matthäusevangelium ein. Ich habe es geliebt, als Mädchen schon. Es klang immer verheißungsvoll für mich. So als könne niemals etwas Böses geschehen.

Meine Schuld – wie oft habe ich diese zwei Worte in den letzten fünf Jahren gedacht? Ich hätte bemerken müssen, dass Helene mit Horst nicht mehr glücklich war. Ich hätte mich nicht abweisen lassen dürfen in jenen Tagen vor Weihnachten. Ich hätte nicht so stolz sein sollen. So stolz. So zornig. So egoistisch. So neidisch. Dann würde Helene noch leben.

Hör auf, Wanda, konzentrier dich, werd jetzt nicht sentimental. Ich umrunde die Kirche und trete an das Grab, das ich nur ein einziges Mal gesehen habe. Damals, als sie die Suche nach Helene aufgegeben hatten. Als der Prozess vorüber war, ohne dass Horst preisgab, was er mit ihrem toten Körper getan hatte. Als sie einen leeren Sarg in der Erde versenkten und behaupteten, dass das den Abschied erleichtere.

Der Grabstein ist schlicht, unbehauener Granit. Helene Flemming. Gestorben am 19. Dezember. Ich knie nieder, kann auch diesmal nicht weinen. Aus der Kirche klingt noch immer Gesang herüber. Dunkler jetzt, leiser. Sterne stehen am Himmel, reichen fast bis auf die Erde. Vielleicht sind sie ein winziges bisschen heller dort über Helenes Gehöft. Ich wünsche mir, dass es so ist, wünsche es mir so sehr. Ein Zeichen von ihr, nach all den Jahren ein Zeichen für mich.

Ich gehe zu Fuß durch die schwarzen Wiesen, denn falls Horst doch in Helenes Haus ist, darf er mich nicht sehen. Ist er schon hier, erwartet er mich? Nichts deutet darauf hin. Die Fenster von Helenes Haus und Scheune sind schwarz wie die Wiesen. Die Stille wirkt so, als sei sie schon lange nicht mehr von Menschen gebrochen worden.

Doch was weiß ich schon davon, wie kann ich mir noch trauen? Ich lehne mich an den borkigen Stamm einer Linde und versuche, mein Zittern zu kontrollieren. Horst ist nicht hier, beschwöre ich mich. Er ist nicht hier. Du kannst den Ersatzschlüssel holen, du weißt, wo er ist. Du kannst in das

Haus gehen, den Stern nehmen und wieder verschwinden. Jetzt. Sofort.

Der Stern leuchtete nicht. Das war das Erste, das mir damals auffiel. Der gelbe Stern über der Eingangstür, den Helene in den dunklen Dezembertagen auch tagsüber brennen ließ, um mögliche Gäste zu begrüßen und um sich geborgen zu fühlen. Der Stern leuchtete nicht und alles war still. Genauso wie jetzt.

Wie eine Schlafwandlerin löse ich mich von der Linde, schleiche ums Haus und schließlich zur Scheune. Niemand ist hier, niemand, nichts, auch nicht Helenes wahres Grab. Die Polizei hat Haus und Grundstück mehrfach durchsucht. In den Blumenkästen trocknet Unkraut, niemand hat die zerstörten Skulpturen beiseitegeräumt, bestimmt liegen drinnen auch noch die zerschnittenen Bilder. Ich taste die Wand ab, fühle die Vertiefung unter dem Fenster. Der fünfte Ziegel ist immer noch lose und der Ersatzschlüssel klemmt genau so dahinter, wie ich ihn dort hinterließ, taumelnd vor Übelkeit, den Gestank des Putzmittels noch immer in der Nase.

Sie hätten gestritten im letzten Jahr, sagte die Frau vom Nachbarhof vor Gericht, die manchmal nachts mit dem Hund noch eine Runde über die Wiesen drehte. Sie hätten geschrieen. Nein, nicht sie, er. Horst. Einmal hätte die Nachbarin beinahe die Polizei alarmiert, sagte sie, weil sie Horst im Fenster stehen sah und er hatte ein Messer in der Hand.

Aber dann, gerade als sie ihr Handy schon zückte, habe sie auch Helene entdeckt. Und Helene habe unversehrt ausgesehen, keineswegs verängstigt, nein, überhaupt nicht, und dann hätte Horst sie ja auch umarmt.

Der Schlüssel brennt kalt in meiner Hand, fast so, als hätte ich ihn aus einem Eisfach gehoben. Alles wiederholt sich, die Zeit verwischt. Immer noch spenden mir nur die Sterne am Himmel Licht. Ich drücke auf die Türklingel, sie gellt viel zu laut. Genauso wie damals, als ich mit gepackter Tasche hier stand und mich wunderte, warum das Haus so dunkel war, warum nicht einmal der Stern leuchtete, wenn Helene mich doch erwartete und ihr Auto in der Garage parkte. Ich wollte die Weihnachtsferien bei ihr verbringen, sie hatte mich eingeladen, nachdem ich ihr gestanden hatte, wie mies es mir ging, wie müde ich war von dem ewigen Existenzkampf in Berlin. Erschöpft. Müde. Bankrott.

Hätte ich wissen können, bemerken müssen, wie es um Helene tatsächlich stand? Ja, denke ich heute, natürlich, ja. Blasser erschien sie mir in diesem letzten Jahr, nicht mehr so strahlend, sondern in sich gekehrt und abwesend, als lausche sie einer Stimme, die allen anderen verborgen blieb. Und sie war viel allein. Horst blieb oft tagelang in seinem Apartment in Berlin, das ewige Pendeln zehrte an ihm. Es lief wohl auch nicht mehr so gut in seiner Firma. Und auch Helenes Bilder und Skulpturen verkauften sich nur schlecht. Es kamen ja keine Käufer hierher, keine Touristen, keine Galeristen, schon gar nicht im Winter.

Jetzt, im Rückblick, sehe ich das alles ganz klar. Damals jedoch war ich gefangen in meinen eigenen Sorgen und davon überzeugt, dass Helene trotzdem noch die Glücklichere von uns war, die Stärkere, Begabtere, Schönere. So war es schließlich immer gewesen.

Ich stecke fest, hat sie einmal im November am Telefon gesagt, ganz leise. Ich stecke fest, ich drehe mich im Kreis, und das ist der Tod einer Künstlerin. Ja, habe ich geantwortet, ja, das kenne ich gut. Lass uns in Ruhe drüber sprechen, wenn ich dich besuche. Wir finden ganz sicher einen Weg, zusammen schaffen wir das bestimmt. Ja, vielleicht, hat sie daraufhin gesagt. Und da ist noch etwas anderes, das ich dir erzählen muss.

Meine Schuld, dass ich nicht gleich fragte, was? Meine Schuld, dass ich so blind gewesen bin. Dass ich den Schlüssel, der jetzt eisig in meiner Hand liegt, nicht direkt benutzt habe, als ich an jenem Dezembertag mit meiner Reisetasche vor verschlossener Türe stand. Statt besorgt zu sein, wurde ich wütend, als Helene nicht öffnete. Dabei hatte sie mich doch eingeladen, und während ich klingelte und immer wieder klingelte, sah ich eine Bewegung hinter der Schlafzimmergardine. Und war schon im nächsten Moment nicht mehr sicher. Verstand erst im Nachhinein, was sie bedeutete.

Ich hätte den Ersatzschlüssel benutzen können, genauso wie jetzt. Seien Sie doch froh, hat einer der Kripoleute später zu mir gesagt. Wer weiß, was passiert wäre, wenn Sie dem Täter im Haus begegnet wären. Vielleicht hätte er Sie dann ebenfalls umgebracht.

Der Schlüssel hat einen Pelz aus Rost, aber er gleitet ohne Widerstand ins Schloss, lässt sich drehen, und die Tür schwingt auf, ohne das kleinste Geräusch, als sei sie frisch geölt. Horst, denke ich, Horst. Ich bin zu spät, ich bin wieder zu spät. Doch vielleicht ist es nur meine Angst, die mir das einflüstert, denn das Haus ist ganz still, nimmt mich in sich auf. Schritt für Schritt, immer tiefer taste ich mich vor, und das fühlt sich unwirklich an, als sei diese Rückkehr im Grunde gar nicht mein eigener Entschluss. Beinahe so, als habe das Haus mich gerufen. Das Haus oder Helene, was weiß ich schon.

Ein Schritt. Noch einer. Die antike Kommode, der Spiegel, die Garderobe. Ich taste mich vorwärts, ich brauche kein Licht, ich kenne den Weg. Ich nehme den Stern und gehe gleich wieder, rede ich mir zu. Ich will nur den Stern. Dann wird alles gut.

Stunden hat es gedauert, bis ich an jenem Tag vor fünf Jahren begann, mich um Helene zu sorgen. Kostbare Stunden, die Horst in die Hände spielten. Erst als die Nacht schon hereinbrach, erstarb meine Wut und ich begann zu begreifen, dass etwas unwiederbringlich zerstört worden war. Dass es nur einen Grund geben konnte, warum Helene mich versetzte und keinen meiner Anrufe beantwortete. Nur einen einzigen, grausamen Grund. Ich habe Helene misstraut, anstatt sie zu retten. Ich kam zu spät. Von allem ist dies wahrscheinlich meine schwerste Schuld.

Staub in der Luft, vielleicht ein Hauch des Zitronenreinigers, den Helene im Badezimmer benutzte. Die Holzdielen knarren unter meinen Füßen, das Haus ist erwacht und begrüßt mich, als habe es auf mich gewartet und sei nun entschlossen, mich bei sich zu behalten. Reiß dich zusammen, Wanda, damals ist nicht heute. Das Haus ist kein Lebewesen. Horst ist nicht hier. Helene ist tot.

Sie holte das Messer, ich habe es ihr nur weggenommen, hat Horst vor Gericht geschrien. Helene steckte in einer Krise, sie war depressiv, sie wollte ihre eigenen Bilder zerstören, und ich, ich wollte sie daran hindern, hindern wollte ich sie, verdammt noch mal, ich habe sie nicht geschlagen, ich habe sie nicht getötet, ich habe sie geliebt.

Hier auf diesem Sofa hat Helene immer gesessen, wenn wir miteinander sprachen. Hier aus diesem Fenster hat sie herüber zur Kirche geblickt, die jetzt so dunkel ist wie der Himmel, als sei auch sie im Begriff, ins Unerreichbare zu verschwinden. „Und dort wo das Kind war, blieb der Stern stehen. Und als sie den Stern sahen, wurden sie von sehr großer Freude erfüllt." Matthäus wieder, treibt mir die Tränen übers Gesicht.

Er muss sie im Schlafzimmer getötet haben, in ihrem Bett, haben die Kriminaltechniker gesagt. Vielleicht hat sie es noch selbst geschafft, sich ins Badezimmer zu schleppen, vielleicht hat er sie auch dorthingetragen. Und dann muss er sie weggefahren haben, irgendwo in den Wald, oder er hat sie in einem der unzähligen Mecklenburgischen Seen versenkt, in ihrem eigenen Wagen. Den immerhin haben Hobbytaucher im nächsten Sommer gefunden. Leer. Und nirgendwo in dem See fand sich eine Spur von Helene.

Ich hatte bereits am Nachmittag geklingelt, ich war ja mit Helene verabredet. Das habe ich ausgesagt. Horst war am Schlafzimmerfenster, als ich klingelte. Aber er mochte mich nicht besonders, er war immer ein wenig eifersüchtig auf meine Nähe zu Helene, und er öffnete mir nicht. Also habe ich gedacht, Helene gehe spazieren, vielleicht finde ich sie ja unterwegs. Sie konnte ja nicht weit sein, ihr Auto stand in der Garage. Ich bin dann eine Weile herumgefahren, und als ich wiederkam, war Helenes Haus immer noch dunkel. Aber ihr Auto war fort, und es roch nach Putzmitteln, viel stärker als sonst. Da wusste ich, dass ein Unglück geschehen war.

Hier ist Helenes Schrank, da unten rechts die Schublade, wo sie den Weihnachtsschmuck verwahrte, den sie erst am Heiligen Abend hervorholte, weil er ihr besonders kostbar war. Ich halte den Atem an, knie mich hin. Ich bin nicht zu spät, der Stern ist noch da, Horst hat ihn nicht zerstört, die Hütchen sind sorgsam ineinander gesteckt, siebzehn große und acht kleine müssen es sein. Ganz vorsichtig ziehe ich sie auseinander und zähle sie durch, tastend, mit wild klopfendem Herzen. Fühle die Goldornamente wie feine Reliefs, rieche den Duft von Zimt und Orange. Ich werde nach Hause fahren und Helenes Stern zusammensetzen, ich werde ihn in mein Fenster hängen, neben meinen eigenen. Zwei Sterne, die zusammengehören, auch wenn sie nicht auf ein göttliches Wunder verweisen.

Ein Papier löst sich aus einem der Zacken, zart, streift meine Hand, ich fühle es mehr, als dass ich es sehe. Wo ist es hin? Ich muss es haben, nichts von Helenes Stern will ich wieder hergeben, jetzt, da ich ihn endlich in den Händen halte. Ich taste nach meiner Taschenlampe, leuchte über den Boden, finde das Papier schließlich unter dem Schrank.

Ein Brief, kein Papier. Ein Brief an mich, der für immer alles verändert, mir den Boden wegzieht und mich gleichgültig gegen die Autoscheinwerfer werden lässt, die jetzt aus den dunklen Wiesen auftauchen und auf das Haus zu gleiten. Zwei strahlende Sterne, die sich niemals berühren.

„Liebe Wanda, es war alles zu eng, ich musste weg, neu anfangen, allein, ganz woanders. Das Kind ist meine letzte Hoffnung gewesen. Ich wollte dir davon erzählen, wenn du kommst, ich wollte dir sagen, wie es alles verändert. Mein Leben. Die Kunst. Aber ich glaube, du hättest das gar nicht verstanden, du hättest dich nur bedroht gefühlt von dem Kind, genauso wie von Horst. Und dann fing ich plötzlich an zu bluten und es war so viel Blut... ich habe das Kind verloren. Ich hab dich gesehen, als du vor dem Haus standest. Aber ich konnte dir nicht mehr öffnen, es ging einfach nicht. Such nicht nach mir, aber denk an mich, wenn du den Stern aufhängst. Und sei gut zu Horst. Er wusste nicht, dass ich schwanger war, ich wollte ihn Weihnachten damit überraschen, denn vielleicht hätte das Kind doch noch etwas zum Guten mit uns gewendet..."

Ich nehme den Stern. Ich nehme den Brief. Ich öffne die Haustür und sehe dem Auto entgegen. Auch das ist natürlich falsch. Ich sollte fliehen, ich sollte mich schützen, mich und Horst und vielleicht auch Helene. Doch stattdessen bleibe ich einfach stehen.

15.

FANNY LEWALD

Der erste Schnee

Für die Zeiteinteilung der Erwachsenen, welche ihre Tage zu Wochen, Monaten und Jahren versammeln und nach diesen, wie der Kalender es lehrt, vor- und rückwärts zählen, hat das Kind lange Jahre hindurch weder die Fähigkeit noch den Sinn. Es rechnet nach den Jahreszeiten und nach seinen Festen, und wer ihm diese Letzteren zu vermehren weiß, kommt seinem Gedächtnis ungemein zu Hilfe, während man dem Kinde dadurch zugleich den dunklen Horizont seiner Erinnerungen und seiner Zukunft mit lichten Sternen erhellt. An Festen aber waren wir sehr reich.

Neben den Geburtstagen und dem Hochzeitstag der Eltern, an denen immer Gesellschaft im Hause war und für die wir von früh auf etwas lernen und tun mussten, hatten wir unsere eigenen Geburtstage zu feiern, und außer den allgemeinen Feiertagen noch den ersten Schnee und den ersten Adventssonntag, als Merkstein für unsere Kindheit.

Der erste Schnee fällt aber in Preußen oft schon in der ersten Hälfte des Oktobers, und wir konnten an nebligen und regnigen Tagen manchmal gar nicht von den Fenstern fortkommen, weil wir immer hofften, heute werde und müsse der erste Schnee fallen und dann werde am Abend, wenn der Vater heraufkäme, die „große Schachtel" gezeigt werden, die wir eben nur einmal im Jahre, nur beim ersten Schneefall zu sehen bekamen. Ich glaube, kein ägyptischer Priester hat jemals sorgfältiger auf das Steigen des Nils geachtet als wir Kinder auf den Fall des ersten Schnees. War das Jahr mild oder trocken, ließ der Schnee auf sich warten, so reichte das leiseste Flöckchen in der Luft dazu hin, uns alle mit dem Ausruf: Es schneit! in die Wohnstube zu treiben. Aber das half uns gar nichts, und mit der Weisung, dass solch ein Gekrümel in der Luft nicht zähle und dass es ordentlich schneien müsse, ehe die Schachtel erscheinen könne, wurden wir zu neuem Warten, zu neuem Hoffen, und dadurch zu erhöhter Freude gesteigert, wenn dann wirklich die weißen dicken Flocken in reicher Fülle von dem dunkeln Himmel niederfielen, wenn die schwarzen durchregneten Straßen, wenn die Dächer und die Wolme und die Bleche vor den Fenstern sich dick mit Schnee bedeckten, aus dessen weißem Glanze uns die Aussicht auf die ersehnten Herrlichkeiten entgegenblinkte.

„Ist's bald sieben Uhr?", fragten die Kinder dann den ganzen Nachmittag, während zum ersten Male in dem Jahre die Äpfel zum Braten in die Röhre gelegt wurden und ihr Schmoren und ihr Duft die beginnende Feier verkündeten. Die Zeit wurde uns immer erschrecklich lang, aber nicht eine Minute davon wurde uns erlassen, und erst um sieben Uhr gingen wir hinunter, wo die Eltern dann schon die „Schachtel" herausgenommen und auf den Tisch vor dem Sofa hingestellt hatten.

Und was war, was enthielt diese Schachtel, auf die wir uns durch ein ganzes Jahr hindurch freuten, die wiederzusehen mir Vergnügen machte, als ich schon zwölf, dreizehn Jahre alt und sehr verständig war, und aus welcher irgendein Stück vor Augen zu bekommen nur heute das Herz mit großer Rührung füllen würde?

Die Schachtel war nichts als eine kleine Seitenschieblade aus dem Sekretär meines Vaters, und sie enthielt nichts als einige Angedenken, welche er darin aufbewahrte. Es lag darin ein rotes Maroquinbuch, in dem unsere Geburtstage, unsere Krankheiten, der Anfang unseres Schulbesuchs – mit einem Worte: die Hauschronik verzeichnet war; es lagen dann in goldenen Kapseln die Bilder meiner Eltern als Brautleute gemalt, ein Hochzeitscarmen meiner Eltern, ein grünseidener, mit einer Inschrift versehener Vorhang, der unser Bild verhüllt hatte, als die Mutter es dem Vater zum Geburtstag geschenkt. Es lag darin einer jener silbernen Becher, die zum Andenken der Schlacht von Kunersdorf aus Rubeln gefertigt worden waren, es lagen darin Gedichte, welche August Lewald bei meinem ersten Geburtstage an die Eltern gerichtet, desgleichen Brieftaschen, Börsen, Uhrbänder, welche Schwestern und Bekannte meinem Vater gehäkelt und gestickt und die er nie getragen hatte, kurz: es lagen Kleinigkeiten darin, wie jede nur einigermaßen bemittelte Familie deren ähnliche besitzt, es lag ein Schatz darin, den jede Familie sich für ihre Kinder ansammeln kann, wenn sie den Sinn hat, ihren Kindern auf die leichteste Weise unvergessliche Freuden zu bereiten.

Unsere ganze kleine Vergangenheit wurde uns von den Eltern vor dieser Schieblade unwillkürlich rekapituliert. Wir hörten es mit Entzücken, an welchem Tage und in welcher Stunde wir geboren worden waren. Wir amüsierten uns damit, wie schlecht wir noch im vorigen Jahre die Gratulationsgedichte zu der Eltern Geburtstagen geschrieben, wir lernten die Jugendfreunde und Bekannte der Eltern an den kleinen Angedenken kennen, und was mehr als dies alles war: Wenn wir die ersten Bratäpfel verzehrten, hatten wir das Bewusstsein, ein großes Fest gefeiert zu haben, und fingen in aller Stille an, uns schon wieder auf den ersten Schnee des nächsten Jahres zu getrosten.

Unsere Freude an dem ersten Adventssonntage hatte einen noch viel geringeren Anlass. Sie beruhte auf einem kleinen

Spielzeug, welches aus zwei auf grobe Holzsplitter gesteckten vergoldeten Äpfeln bestand, die mit ein paar Sträußchen Buxbaum und einem oder zwei aus grobem Ton geformten Vögelchen verziert waren, welche nur die Fantasie von Kindern für Vögel zu halten imstande war. Die ganze Pyramide kostete vielleicht sechs Pfennige, aber – und darauf beruht ein großer Teil der Freude in dem Kinde – wir liebten sie, weil sie nur in der Adventswoche zu kaufen war, weil wir sie alle Jahre zum ersten Advent geschenkt bekommen hatten, weil wir sicher waren, dass man sie uns immer wieder schenken würde, und weil sie uns auf solche Weise überhaupt zu einem Sinnbild der herannahenden Weihnachtszeit geworden war. Sie war uns eine wundervolle Verkündigung, und der Engel, welcher mit seinem Lilienstängel vor der Jungfrau erschien, um ihr die Geburt des Erlösers zu verkünden, konnte sie nicht glücklicher machen als uns der Anblick unserer Eltern, wenn sie abends vom Ausgehen heimkehrend uns die ersten Pfeffernüsse und Apfelbäumchen in das Zimmer brachten. Es umfloss sie ein wahrer Goldglanz von Hoffnungen, alles, was wir erwünschten und erwarteten, trat in unsern Gesichtskreis, und nun, von diesem ersten Adventssonntage ab, fingen wir zu zählen an, bis endlich mit dem Weihnachtsabende die helle Glückssonne für uns aufging, deren Strahlen uns durch das ganze Jahr nicht zu leuchten aufhören sollten.

16.

ANATOL DE MEIBOHM

Die Glocken von Athos

Seit Stunden kämpft sich die kleine Motorbarkasse in Wind und Regen vorwärts. Schier endlos scheint uns die Fahrt um die Klippen des Heiligen Berges zu dauern. Das Ägäische Meer ist im Winter recht stürmisch. Hier war einst die ganze persische Flotte, die Xerxes zur Eroberung von Griechenland befehligte, untergegangen, an eben diesem Felsen zerschellt. Der Mönch mit dem zerzausten Bart, der gegen die Wogen ankämpft, ist unempfindlich gegen den Regen, der die Sicht nimmt, gegen die Kälte, die durch unsere feuchte Kleidung dringt.

Da hinten, in Westeuropa, feiern, sie den Dreikönigstag. Hier aber ist man der byzantinischen Tradition des alten Julianischen Kalenders treu geblieben, und die jetzt beginnende Nacht ist die Weihnachtsnacht.

Endlich läuft die Barkasse in den kleinen Hafen von einem der siebenundzwanzig Klöster ein. Wie eine geheimnisvolle Vision erhebt sich hoch über uns im Schein der Abenddämmerung das riesige Gebäude – mehrere auf einer aus dem Felsen springenden Steinwand errichtete Stockwerke – und ähnelt so von weitem dem heiligen Kloster von Lhasa.

Eine gute halbe Stunde lang steige ich auf einem mit dicken Steinen gepflasterten Pfade zum Kloster Simonopetra hinauf, wo ich mit den Mönchen das Weihnachtsfest verleben will. Ich bin nicht allein. In einer ununterbrochen schweigenden Kette steigen auch Mönche mit hinauf – alle schwarz gekleidet, alle bärtig, fast alles Greise. Denn heute ist nicht nur das Fest von Christi Geburt, sondern auch das Fest des Klosters Simonopetra, und die Tradition verlangt, dass die Mönche aus allen Klöstern vom Berge Athos sich hier zu dieser Feier versammeln. Selbst die Einsiedler verlassen nur diese eine Nacht und für die Osternacht ihre in den wüstesten Winkeln des Berges verstreuten Hütten und Grotten.

Im Gegensatz zur römischen Kirche feiert die griechische Kirche die Auferstehung mit größerer Pracht als das Weihnachtsfest und behält ihr die Mitternachtsmesse vor. In dieser Nacht wohnen die Mönche also nur einer „Agrypnia" bei, einer Abendandacht, die gleich beginnt und nicht vor Morgengrauen enden wird.

Endlich trete ich unter das gedrückte Gewölbe eines mittelalterlichen Tores und gelange durch unterirdische, in den Felsen gehöhlte Gänge in den engen Hof des Klosters. Durch eine Dachluke sehe ich in weiter Ferne, etwa sechshundert Meter unter mir, das Meer, das von hier aus spiegelglatt erscheint. Ich trete in die Kirche ein. Ihre Mauern sind mit Fresken bedeckt und so hoch, dass sie sich im Schatten der Gewölbe verlieren. Zwischen den Szenen, welche die großen Feste darstellen, schauen die strengen Gesichter der byzantinischen Heiligen im gelben, zitternden Licht der Kerzen und Öllampen auf uns herab. Unbeweglich wie sie, haben sich die Mönche schon versammelt. Nur ihre langen, weißen Bärte heben sich in dem Halbdunkel ab.

Weihrauchfässer schwingende Diakone schreiten dem in Goldbrokat gekleideten Domkapitel voran, das jetzt durch die Pforte der „Ikonostasion" eintritt, durch diese ganz aus Ikonen zusammengesetzte Wand, die den Altar vom Kirchenschiffe trennt. Als Letzter nähert sich der majestätische Abt. Er trägt die goldene Tiara; sie schimmert rötlich-gelb von kostbaren Edelsteinen und ist eine genaue Nachbildung jener Krone, die die byzantinischen Kaiser getragen haben. Mitten in der Kirche steht ein sehr altes Bild von Christi Geburt auf einem kleinen Tisch und ersetzt die Krippe, die es bei den Griechen nicht gibt.

Die Diakonen schreiten rings um die Kirche und zur Kuppel hin, wo ein riesiger Christus-Majestas in Freskomalerei die Gläubigen segnet und zu der Weihrauchwolken emporsteigen.

In der andächtigen Stille hört man nur die Silberglöckchen der Weihrauchfässer. Dann sondert sich ein junger Sänger von dem Chor ab, der wie im antiken Theater zweigeteilt ist. Tief verneigt er sich vor dem Abt, und als die Hand des Greises das Zeichen des Kreuzes über ihn gemacht hat, wendet er sich dem Chore zu und schmettert mit sehr hoher Stimme die ersten Worte des Lobgesanges von Christi Geburt: „Die Jungfrau Maria hat heute ein Kind geboren…"

Und jetzt bricht aus dem Dunkel, das ich leer glaubte, der Gesang von zweitausend unsichtbaren Männerstimmen hervor. Es ist die Musik, und es sind die Worte des Heiligen Romanos, des großen byzantinischen Dichters und Hymnikers der griechischen Kirche, die sie heute Abend singen und die sie die ganze Nacht über singen werden, dieselbe Musik, dieselben Worte seit mehr als sechzehn Jahrhunderten. Hier ist Byzanz nicht tot, hier ist die Zeit nicht stehengeblieben – denn für die Menschen, die hierherkommen, um die Ewigkeit in der geistigen Abgeschiedenheit des Berges Athos zu suchen, existiert die Zeit nicht mehr.

Lautlos verlasse ich die Kirche. Die Winternacht ist eisig. In dem geräumigen Gästezimmer, das mir zugewiesen wurde, flammt ein großes Feuer. Einige Mönche sind hiergeblieben, um mir in dieser durchwachenden Nacht „freundlich Gesellschaft" zu leisten. Schnell sind die Gläser mit dem guten, schweren Athos-Wein, den die Mönche selbst keltern, gefüllt. Einer nach dem anderen erheben die Mönche ihr Glas: „Kala christougneme!" Und ich wiederhole: „Frohe Weihnacht!" Dort in der Kirche – das ist Byzanz, und die Krone des Abtes schimmert im Kerzenschein wie einst die wirkliche Krone der verschwundenen Kaiser.

Einer der Mönche singt halblaut Weihnachtslieder seiner Heimat, einer in der Weite des Ägäischen Meeres verlorenen Insel. Ein anderer erzählt Geschichten aus den dunklen, aber schon vergessenen Tagen des Krieges und der Besetzung. „Gloria in excelsis Deo et in terra pax..." Der Krieg erscheint als etwas so Unmögliches in dieser Nacht des Friedens, in diesem Lande des Gebetes...

Die Morgendämmerung naht. Und plötzlich beginnen alle Glocken des Klosters zu läuten. Die Weihnachtsnacht ist zu Ende. Durch das offene Fenster dringt das leichte Gebimmel, strömen die schweren Klänge der Glocken von siebenundzwanzig Klöstern herein, in denen zweitausend Männer leben und beten, in diesem Erdenwinkel, in den seit mehr als tausend Jahren keine Frau ihren Fuß gesetzt hat, denn sie haben ihn der Jungfrau Maria vorbehalten.

Ich will in die Kirche zurückkehren. Aber die Mönche heben noch immer ihre Gläser: „Kali patrida", gute Heimkehr in dein Vaterland...

Und die Glocken von Athos läuten die Weihnacht.

17.

Die Ankündigung der Geburt Jesu

Und im sechsten Monat wurde der Engel Gabriel von Gott gesandt in eine Stadt in Galiläa, die heißt Nazareth, zu einer Jungfrau, die vertraut war einem Mann mit Namen Josef vom Hause David; und die Jungfrau hieß Maria. Und der Engel kam zu ihr hinein und sprach: Sei gegrüßt, du Begnadete! Der Herr ist mit dir! Sie aber erschrak über die Rede und dachte: Welch ein Gruß ist das? Und der Engel sprach zu ihr: Fürchte dich nicht, Maria, du hast Gnade bei Gott gefunden. Siehe, du wirst schwanger werden und einen Sohn gebären, und du sollst ihm den Namen Jesus geben. Der wird groß sein und Sohn des Höchsten genannt werden; und Gott der Herr wird ihm den Thron seines Vaters David geben, und er wird König sein über das Haus Jakob in Ewigkeit, und sein Reich wird kein Ende haben. Da sprach Maria zu dem Engel: Wie soll das zugehen, da ich doch von keinem Mann weiß? Der Engel antwortete und sprach zu ihr: Der heilige Geist wird über dich kommen, und die Kraft des Höchsten wird dich überschatten; darum wird auch das Heilige, das geboren wird, Gottes Sohn genannt werden. Und siehe, Elisabeth, deine Verwandte, ist auch schwanger mit einem Sohn, in ihrem Alter, und ist jetzt im sechsten Monat, von der man sagt, dass sie unfruchtbar sei. Denn bei Gott ist kein Ding unmöglich. Maria aber sprach: Siehe, ich bin des Herrn Magd; mir geschehe, wie du gesagt hast. Und der Engel schied von ihr.

JOACHIM RINGELNATZ

Vorfreude auf Weihnachten

Ein Kind – von einem Schiefertafel-Schwämmchen
Umhüpft – rennt froh durch mein Gemüt.

Bald ist es Weihnacht! – Wenn der Christbaum blüht,
Dann blüht er Flämmchen.
Und Flämmchen heizen. Und die Wärme stimmt
Uns mild. – Es werden Lieder, Düfte fächeln. –

Wer nicht mehr Flämmchen hat, wem nur noch
Fünkchen glimt,
Wird dann noch güig lächeln.

Wenn wir im Traume eines ewigen Traumes
Alle unfeindlich sind – einmal im Jahr! –
Uns alle Kinder fühlen eines Baumes.

Wie es sein soll, wie's allen einmal war.

19. DEZEMBER

HANSJÖRG SCHNEIDER

Weiß wie Schnee

Als ich gestern Abend mein Büro verließ, schneite es. Fingerbeergroße Flocken wirbelten herunter, nasse Fetzen. »Leintücher« hatten wir sie früher genannt, wenn wir auf der Straße standen mit aufgesperrtem Mund und warteten, bis uns eine Flocke in den Mund tanzte. Meist fiel sie daneben, auf die Wange oder auf ein Auge, und erschrocken wischten wir den kalten Fleck weg. Aber sogleich schauten wir wieder hinauf ins kompakte Flockengeschiebe, der Himmel war verschlossen mit einer tiefen Flaumdecke, und das war schön.

Ich ging unter den dunklen Kastanienbäumen durch das Schneetreiben heimzu. Die Baumrinden glänzten. Der Boden war nass, Straße und Trottoir waren noch zu warm, als dass der Schnee hätte Fuß fassen können. Auf der Kreuzung vorn standen die Autos mit eingeschalteten Scheinwerfern, die Scheibenwischer drehten, die Motoren entließen dünnes Gas.

Rechts in der Einbahnstraße, die nur zum Parken benutzt wird, sah ich drei Mädchen mit Schulranzen am Rücken. Sie hatten ihr Gesicht gegen den Himmel erhoben, die Arme hielten sie ausgestreckt wie Vogelscheuchen im Schneefall, ihre Münder standen offen,

Plötzlich schrie eine auf und griff sich mit der Hand an die Stirn. Offensichtlich war dort eine fingerbeergroße Flocke gelandet, und lachend putzte sie den nassen Fleck weg. Sofort gaben auch die beiden andern ihre andächtige Stellung auf. Sie lachten zu dritt, sie tanzten herum, dann stellten sie sich wieder hin, das Gesicht nach oben gewendet, die Arme ausgestreckt, wartend auf ein kaltes Leintuch.

Ich blieb stehen und hielt die linke Hand waagrecht vor mich hin, die Außenseite nach oben. Es ging ziemlich lang, aber plötzlich fiel eine luftige, aus mehreren Teilen zusammengesetzte Flocke auf meine Hand. Ich schaute ihr zu, wie sie in sich zusammenschmolz. Es dauerte nur ein paar Sekunden, dann lag ein kleiner Tropfen auf meiner Hand. Ich leckte ihn auf, er schmeckte nach nichts. Ich ging weiter bis zum Zebrastreifen und wartete mit den anderen auf eine Lücke in der Autokolonne, die im Schritttempo vorbeiglitt.

Weiter vorn, als ich schon vor dem Haus stand, in dem ich wohne, kam mir die Schneeflocke in den Sinn, die auf meiner Hand geschmolzen war. Sie war weiß, weiß wie Schnee. Und mit einer plötzlichen Freude öffnete ich die Haustür.

20.
DEZEMBER

ANONYM

Das Märchen vom Schnee

Vor vielen, vielen Jahren hatte der Schnee keine Farbe. Darüber war er sehr unglücklich, und so machte er sich auf, eine Farbe zu suchen. Alsbald kam er auf eine Wiese und bat das Gras um seine grüne Farbe. Aber das Gras lachte den Schnee aus und schickte ihn davon. Da ging der Schnee zum Veilchen und bat es, ihm seine veilchenblaue Farbe zu geben. Aber auch das Veilchen erhörte seine Bitte nicht. So ging der arme Schnee von Blume zu Blume, aber alle schickten ihn weg, keine wollte ihm ihre Farbe geben. Als er schon aufgeben wollte, traf der Schnee auf das Schneeglöckchen. Dieses hatte Mitleid mit ihm und fragte, wozu er die Farbe denn wolle. „Damit alle mich endlich sehen und vom Regen unterscheiden können", antwortete der Schnee. Da hatte das Schneeglöckchen ein Einsehen und gab dem Schnee von seiner weißen Farbe.

Seit dieser Zeit macht der Schnee im Winter alles weiß. Die Blumen aber, die ihn verspotteten und abwiesen, lässt er erfrieren, nur das Schneeglöckchen, das verschont er – bis heute.

21.

MARGRET RETTICH

Die Geschichte vom Vogelhaus

Als Mama morgens das Fenster aufmachte, um Kai zu wecken, fiel vom Fensterbrett eine Ladung Schnee auf den Teppich: Es hatte über Nacht geschneit. Draußen saßen die Spatzen auf den Zweigen und schimpften.

„Er hat immer noch kein Vogelhaus gebaut", sagte Kai vorwurfsvoll.

„Heute bringen wir ihn dazu", antwortete Mama.

Papa saß zufrieden am Frühstückstisch. Es war Sonntag, und er wollte so richtig faul sein. Er wartete, dass Mama ihm die Brötchen strich. Nicht, dass er das nicht selbst gekonnt hätte. Aber Papa mochte es, wenn ihm Mama alles abnahm, und ließ sich hin und wieder gern bedienen.

Doch jetzt hatte sie keine Lust dazu. Manchmal machte es ihr Spaß, dass sie geschickter war als Papa, und sie zeigte gern, wie gut ihr alles von der Hand ging. Aber sie mochte nicht, dass er sich allzu sehr darauf verließ.

„Kai und ich würden gern sehen, wenn du endlich das Vogelhaus baust. Es ist Winter, es hat geschneit, und die armen Vögel hungern", sagte sie.

„Ich kann dir helfen", sagte Kai.

Papa rührte sich nicht. Er saß da und wartete, dass Mama ihm ein Brötchen strich. Doch sie tat es nicht.

„Sonntag ist Ruhetag", sagte Papa, „warum muss ich ausgerechnet am Sonntag ein Vogelhaus bauen?"

„Alle Väter machen das", rief Kai.

„Vogelhäuser sind Männersache", sagte Mama. Freilich, sie hätte es auch gekonnt. Sie konnte sägen, hämmern, Nägel einschlagen, Kurzschlüsse reparieren und verstand eine ganze Menge von Autos. Aber sie sah nicht ein, dass sie ein Vogelhaus bauen sollte, während Papa neben ihr stand und zusah. Vielleicht hätte es auch Kai schon geschafft. Aber Mama war nicht ganz sicher, ob er sich nicht dabei wehtat. Sie fand jedoch, dass er Papa zur Hand gehen könnte.

Papa kam gegen Mama und Kai nicht an. Also strich er sich das Brötchen selbst, erhob sich widerwillig und schlurfte in den Keller. Kai sprang hinterher.

Mama hörte, wie Papa zu Kai sagte: „Bauen wir doch einen Schneemann, das kann ich gut." Und wie Kai antwortete: „Wir bauen das Vogelhaus, sonst nichts." Mama war zufrieden. Kai erklärte genau, wie das Vogelhaus aussehen sollte. Er wusste, was man dazu brauchte und wo alles war. Papa kannte sich im Keller nicht so aus, das war Mamas Sache. Sie hatte Obstkisten gesammelt, die konnten sie nun nehmen. In einer Ecke verwahrte sie Plastikfolie, und an einem Haken hing eine Rolle Draht. Irgendwo standen Pfosten, womit sie im Frühjahr den Zaun flicken wollte. Kai trug alles zusammen.

Papa stand herum. Er wusste nicht, wo der Hammer war, er fand keine Säge, Nägel waren auch nicht da, und er hoffte sehr, dass er ohne all das gar kein Vogelhaus bauen konnte.

Doch Kai lief schon nach oben. Mama hatte das Werkzeug im Küchenschrank und die Nägel in der Speisekammer, denn sie wollte alles ständig zur Hand haben. Kai schleppte es nach unten und brachte es Papa. Er sagte genau, was Papa machen musste, und Papa machte jeden Handgriff so, wie Kai es erklärte. Erst sägte er aus den Obstkisten kleine Brettchen, daraus sollte der Boden werden. Dabei erwischte er seinen linken Daumen.

Mama verband ihn und sagte: „Das ist kein Grund, sich gleich ins Bett zu legen. Geh nur wieder in den Keller, und mach weiter!"

Kai hatte inzwischen die Brettchen mit Leisten zu einer Platte verbunden. Er zeigte jetzt, wie Papa darauf die Pfähle für das Dach befestigen sollte. Erst nagelte Papa seinen Daumenverband am Holz fest, dann schlug er sich auf den Zeigefinger. Nachdem er diesen im Bad eine halbe Stunde gekühlt hatte, scheuchte ihn Mama wieder in den Keller. Kai hatte bereits ein Dach auf die Pfähle gesetzt und deckte es gerade mit Plastik. Papa sollte alles nur noch mit Draht rundherum befestigen. Er nahm die Zange und kniff sich damit in den Handballen. Mama ertappte ihn dabei, wie er sich ein Handtuch knotete, um den Arm in die Schlinge zu legen. „Es wird dich hindern, das Vogelhaus fertigzumachen", sagte sie und legte das Handtuch wieder in den Schrank.

Papa schlich in den Keller, um das Vogelhaus zu vernichten, aber Kai hatte es fertig. Es war zwar schief und wackelte, es war auch etwas klein geraten, aber man konnte erkennen, was es sein sollte. Papa und Kai gruben einen von Mamas Pfosten im Vorgarten ein und befestigten das Vogelhaus darauf. Dann streute Mama die zerkrümelten Weihnachtsplätzchen vom vergangenen Jahr hinein, und schon nahten die ersten Spatzen. Papa und Kai saßen hinter dem Fenster und sahen zu, wie sie sich balgten und mit den besten Brocken im Gebüsch verschwanden. Papa war mächtig stolz, was er geschafft hatte, und Mama lobte ihn. Es wurde ein schöner Sonntag.

Am anderen Morgen sah Kai nach dem Vogelhaus. Da saß eine fette schwarze Katze drin. Kai riß das Fenster auf und schrie: „He, du, scher dich weg!" Die Katze versuchte es, aber sie konnte nicht, sie steckte fest. Vorn sahen Kopf und Pfoten heraus, hinten wedelte ein aufgeregter Schwanz.

Kai und Mama liefen hinaus, Mama rief, Kai solle achtgeben, Katzen hätten scharfe Krallen. Sie schob hinten, und Kai lockte vorn: „Na komm schon, spring!"

Die Katze wurde wild und schlug um sich. Das Vogelhaus schwankte auf dem Pfosten, und sein Dach hob sich ein wenig.

„Solange sie so fett ist, schafft sie das nicht", sagte Mama. „Vielleicht wenn sie hungert und abnimmt..."

Die Katze miaute. Plötzlich tat sie Kai und Mama leid. Sie holten Ölsardinen, und die Katze fraß brav aus der Dose, die Kai ihr vorhielt. Ringsumher saßen die Spatzen auf den Zweigen und schimpften.

„Also gut, füttern wir die auch noch", sagte Mama. Sie streuten ihnen Krümel auf das Fensterbrett und sahen dann von drinnen zu, wie sie pickten.

Die Katze schlief im Vogelhaus ein. Ihre Pfoten hingen vorn schlaff nach unten, und hinten baumelte lang der Schwanz. Die Spatzen hatten schnell heraus, dass sie ihnen nichts antun konnte. Sie wurden immer frecher. Einige tobten auf dem Dach herum, andere flogen ihr haarscharf an der Nase vorbei. Als sich ein Spatz im Katzenschwanz verkrallte, war es zu viel. Die Katze fuhr auf, machte einen krummen Rücken, stemmte sich gegen die Brettchen, die Leisten und den Draht, und das ganze Vogelhaus brach auseinander.

Die Katze machte einen Satz und verschwand.

Was blieb Mama übrig, als mit Kai ein neues Vogelhaus zu bauen, fest und stabil? Sie konnte es Papa mit seinen verbundenen Händen wirklich nicht zumuten. Er stand zufrieden daneben und sah zu.

22.

MARGOT KÄSSMANN

In Bethlehem

Als ich das letzte Mal in Bethlehem war, hat mich besonders die Tür zur Geburtskirche beeindruckt. Die Besucherinnen und Besucher müssen sich tief bücken, um durch diese niedrige Tür in die Kirche zu gelangen. Sie ist ein Zeichen dafür, dass wir den Ort, an dem Jesu Geburt verehrt wird, nicht betreten können, wenn wir nicht klein, wenn wir nicht demütig werden. Gott, der Allmächtige, der Schöpfer des Himmels und der Erde, wurde ganz klein, ganz Mensch. Das Neugeborene in der Krippe von Bethlehem wurde zum Retter der Welt, glauben wir.

Gottes Liebe ist so groß, dass sie selbst die Ohnmacht erträgt. Was für ein wunderbares Symbol: Eine kleine Tür öffnet sich und dahinter strahlt uns das Wunder der Geburt des Gotteskindes entgegen.

Nun ist sie vorbei, die Adventszeit, auch die Heilige Nacht. Sie hat die Tür geöffnet zu den zwölf Heiligen Nächten, die nun folgen werden bis zum Epiphaniasfest am 6. Januar. Ob sie nun heidnischen Ursprungs sind, den „Raunächten" entsprechen, der dunklen Jahreszeit geschuldet sind, sei dahingestellt. Wir können diese Tage und Nächte als besondere Zeit wahrnehmen.

„Zwischen den Jahren", das ist für mich eine besondere Zeit. Es sind Tage mit einem anderen Rhythmus. Das alte Jahr in Gottes Hand zurücklegen, Fotos einkleben, abheften, aufräumen, sortieren, nachdenken. Auf das neue Jahr zugehen mit Zutrauen, Hoffnung, Wünschen. Heilige Nächte, weil es Nächte sind, sich zu besinnen, lange Abende, Dunkelheit, in die das Licht der Weihnacht noch hineinleuchtet, bis die Tür sich öffnet zu einem neuen Jahr.

23.

ERICH KÄSTNER (Nach der Melodie: „Morgen, Kinder, wird's was geben!")

Weihnachtslied, chemisch gereinigt

Morgen, Kinder, wird's nichts geben!
Nur wer hat, kriegt noch geschenkt.
Mutter schenkte euch das Leben.
Das genügt, wenn man's bedenkt.
Einmal kommt auch eure Zeit.
Morgen ist's noch nicht so weit.

Doch ihr dürft nicht traurig werden.
Reiche haben Armut gern.
Gänsebraten macht Beschwerden.

Puppen sind nicht mehr modern.
Morgen kommt der Weihnachtsmann.
Allerdings nur nebenan.

Lauft ein bisschen durch die Straßen!
Dort gibt's Weihnachtsfest genug.
Christentum, vom Turm geblasen,
macht die kleinsten Kinder klug.
Kopf gut schütteln vor Gebrauch!
Ohne Christbaum geht es auch.

Tannengrün mit Osrambirnen –
lernt drauf pfeifen! Werdet stolz!
Reißt die Bretter von den Stirnen,
denn im Ofen fehlt's an Holz!
Stille Nacht und heil'ge Nacht –
weint, wenn's geht, nicht! Sondern lacht!

Morgen, Kinder, wird's nichts geben!
Wer nichts kriegt, der kriegt Geduld!
Morgen, Kinder, lernt fürs Leben!
Gott ist nicht allein dran schuld.
Gottes Güte reicht so weit …
Ach, du liebe Weihnachtszeit!

24.

NACH DEM LUKASEVANGELIUM

Jesu Geburt

Es begab sich aber zu der Zeit, dass ein Gebot von dem Kaiser Augustus ausging, dass alle Welt geschätzt würde. Und diese Schätzung war die allererste und geschah zur Zeit, da Quirinius Statthalter in Syrien war. Und jedermann ging, dass er sich schätzen ließe, ein jeder in seine Stadt.

Da machte sich auf auch Josef aus Galiläa, aus der Stadt Nazareth, in das jüdische Land zur Stadt Davids, die da heißt Bethlehem, weil er aus dem Hause und Geschlechte Davids war, damit er sich schätzen ließe mit Maria, seinem vertrauten Weibe; die war schwanger. Und als sie dort waren, kam die Zeit, dass sie gebären sollte. Und sie gebar ihren ersten Sohn und wickelte ihn in Windeln und legte ihn in eine Krippe; denn sie hatten sonst keinen Raum in der Herberge.

Und es waren Hirten in derselben Gegend auf dem Felde bei den Hürden, die hüteten des Nachts ihre Herde. Und der Engel des Herrn trat zu ihnen, und die Klarheit des Herrn leuchtete um sie; und sie fürchteten sich sehr. Und der Engel sprach zu ihnen: Fürchtet euch nicht! Siehe, ich verkündige euch große Freude, die allem Volk widerfahren wird; denn euch ist heute der Heiland geboren, welcher ist Christus, der Herr, in der Stadt Davids. Und das habt zum Zeichen: Ihr werdet finden das Kind in Windeln gewickelt und in einer Krippe liegen. Und alsbald war da bei dem Engel die Menge der himmlischen Heerscharen, die lobten Gott und sprachen: Ehre sei Gott in der Höhe und Friede auf Erden bei den Menschen seines Wohlgefallens.

Und als die Engel von ihnen gen Himmel fuhren, sprachen die Hirten untereinander: Lasst uns nun gehen nach Bethlehem und die Geschichte sehen, die da geschehen ist, die uns der Herr kundgetan hat. Und sie kamen eilend und fanden beide, Maria und Josef, dazu das Kind in der Krippe liegen. Als sie es aber gesehen hatten, breiteten sie das Wort aus, das zu ihnen von diesem Kinde gesagt war. Und alle, vor die es kam, wunderten sich über das, was ihnen die Hirten gesagt hatten. Maria aber behielt alle diese Worte und bewegte sie in ihrem Herzen. Und die Hirten kehrten wieder um, priesen und lobten Gott für alles, was sie gehört und gesehen hatten, wie denn zu ihnen gesagt war.

Und als acht Tage um waren und man das Kind beschneiden musste, gab man ihm den Namen Jesus, wie er genannt war von dem Engel, ehe er im Mutterleib empfangen war.

24

ADVENTSGESCHICHTEN
FÜR DIE FRAU

Anmerkungen und Textnachweise

WIGLAF DROSTE, *1961

*Wiglaf Droste, „Das letzte Tabu" aus:
Wiglaf Droste, Nikolaus Heidelbach und
Vincent Klinik, „Weihnachten" © 2007
DuMont Buchverlag Köln, S. 135–139*

GABRIELE WOHMANN, *1932

*Gabriele Wohmann: Ist das Leben
nicht schön? Aus: Gabriele Wohmann:
Bleibt doch über Weihnachten,
S. 52–60, im Pendo-Verlag 1998.
© Gabriele Wohmann*

RUBÉN DARÍO (1867–1916)

*Heilignachtgeschichte aus:
Rubén Darío: „Obras Completas.
Cuentos y novelas", Madrid 1955*

DAVID HENRY WILSON, *1937

*David Henry Wilson: Superhunds
Weihnachtsgeschenk. Übersetzt von
Helmut Winter. Erschienen in: Wenn
Weihnachten kommt. Hg. von Barbara
Homberg. © Verlag Friedrich Oetinger,
Hamburg 1982*

WLADIMIR KAMINER, *1967

Wladimir Kaminer: Das kleine Mädchen.
© Wladimir Kaminer, Berlin

MARLENE FARO, *1954

Marlene Faro: In schönster Harmo-
nie. Aus Marlene Faro: Die Frau des
Weinhändlers. Roman. Leipzig: Reclam,
1998. © Marlene Faro

HANS SCHEIBNER, *1936

Hans Scheibner: Silvester bei Wolfgang.
Aus Hans Scheibner: Der Weihnachts-
mann in Nöten, Deutscher Taschenbuch
Verlag, S. 149-151. © Hans Scheibner

JOHANN WOLFGANG
VON GOETHE (1749-1832)

Johann Wolfgang von Goethe:
Christgeschenk. Aus Johann Wolfgang
von Goethe: Sämtliche Werke. Bd. 1:
Gedichte 1. Einführung und Textüber-
wachung von Emil Staiger. Zürich und
München: Artemis und Deutscher
Taschenbuch Verlag 1977

ANNA PETERS (1843-1926)

Anna Peters: Ein Ferkel als Weihnachtsgeschenk aus: Anna Peters: Weihnachtsgeschichten für 3 Minuten. Mit Bildern
von Sigrid Gregor. Würzburg: Arena,
2006. S. 82-89

DORIS DÖRRIE, *1955

Doris Dörrie: Als ich klein war,
aus: Doris Dörrie: Samsara. Copyright
© 1996 Diogenes Verlag AG Zürich

HEINRICH HEINE (1797-1856)

Heinrich Heine: Altes Kaminstück.
Aus Heinrich Heine: Neue Gedichte.
Hrsg. von Bernd Kortländer. Nachw.
von Gerhard Höhn. Stuttgart: Reclam,
1996 (Universalbibliothek 2241.)

BRÜDER GRIMM

Jacob Ludwig Carl Grimm (1785-1863)
und Wilhelm Carl Grimm (1786-1859)

TANJA DÜCKERS, *1968

Tanja Dückers: Die Schneeschnitzeljagd.
Aus: Brigitta Rambeck (Hrsg.), Weih-
nachtsüberraschungen. Besinnliches und
Hintersinniges zum Advent. Deutscher
Taschenbuch Verlag GmbH & Co. KG,
München 1993. © Tanja Dückers

GISA KLÖNNE, *1964

Gisa Klönne: Der Stern. Aus Gisa Klönne
(Hg.): Fürchtet euch nicht! Der neue
Krimi-Adventskalender. Ullstein TB,
2009. © Gisa Klönne

FANNY LEWALD (1811-1889)

Fanny Lewald: Der erste Schnee. Aus:
Fanny Lewald: Meine Lebensgeschichte.
Band I: Im Vaterhause. Ulrike Helmer Ver-
lag, Frankfurt am Main 1988, S. 79-81

ANATOL DE MEIBOHM

Anatol de Meibohm: Die Glocken von
Athos aus: Christ ist erschienen, Deutsch
von Gerda Onken-Joswich, Agentur des
Rauhen Hauses, Hamburg 1966

DIE ANKÜNDIGUNG DER GEBURT JESU

Lukas 1,26-38. Die Bibel. Nach der Übersetzung Martin Luthers. Bibeltext in der rev. Fassung von 1984. Durchges. Ausg. in neuer Rechtschreibung. Stuttgart 2001. © 1999 Deutsche Bibelgesellschaft Stuttgart

JOACHIM RINGELNATZ (1883–1934)

Joachim Ringelnatz: Vorfreude auf Weihnachten. Aus Joachim Ringelnatz: Und auf einmal steht es neben dir. Gesammelte Gedichte. Berlin: Henssel, 1950

HANSJÖRG SCHNEIDER, *1938

Hansjörg Schneider: Weiß wie Schnee. Aus Hansjörg Schneider: Im Café und auf der Straße. Geschichten. Mit einem Nachwort von Beatrice von Matt. Zürich: Ammann, 2002. S. 38 f. © Hansjörg Schneider

DAS MÄRCHEN VOM SCHNEE

Russisches Volksmärchen. Neu erzählt von Yvonne Fischer aus: Weihnachtszauber Winternacht. Geschichten und Gedichte, Reclam Verlag, Ditzingen 2005. Mit Genehmigung von Yvonne Fischer, Eberdingen

MARGRET RETTICH, *1926

Margret Rettich: Die Geschichte vom Vogelhaus. Aus Margret Rettich: Wirklich wahre Weihnachtsgeschichten, illustriert von Rolf Rettich. S. 10–15 © Annette Betz Verlag / Verlagsgruppe Ueberreuter

MARGOT KÄSSMANN, *1958

Margot Käßmann: „Als ich das letzte Mal in Bethlehem war…" Aus: Margot Käßmann: Der Himmel öffnet uns die Tür, Meditativer Adventskalender. © Verlag Herder GmbH, Freiburg im Breisgau, 2009, 20./26. Dezember

ERICH KÄSTNER (1899–1974)

Erich Kästner: Weihnachtslied, chemisch gereinigt. Erschienen in: Herz auf Taille © Atrium Verlag, Zürich 1928 und Thomas Kästner

JESU GEBURT

Lukas 2,1-21. Die Bibel. Nach der Übersetzung Martin Luthers. Bibeltext in der rev. Fassung von 1984. Durchges. Ausg. in neuer Rechtschreibung. Stuttgart 2001. © 1999 Deutsche Bibelgesellschaft Stuttgart